U0532357

冰淇淋
当早餐也不错

Ice Cream for Breakfast

［英］劳拉·简·威廉姆斯（Laura Jane Williams） 著　胡健 译

Copyright © Laura Jane Williams 2017
Published by arrangement with Hodder & Stoughton Limited, through The Grayhawk Agency Ltd.
All rights reserved.

© 中南博集天卷文化传媒有限公司。本书版权受法律保护。未经权利人许可，任何人不得以任何方式使用本书包括正文、插图、封面、版式等任何部分内容，违者将受到法律制裁。

著作权合同登记号：图字 18-2020-022

图书在版编目（CIP）数据

冰淇淋当早餐也不错 /（英）劳拉·简·威廉姆斯（Laura Jane Williams）著；胡健译. — 长沙：湖南文艺出版社，2020.7
书名原文：Ice Cream for Breakfast
ISBN 978-7-5404-9576-3

Ⅰ.①冰… Ⅱ.①劳… ②胡… Ⅲ.①成功心理—通俗读物 Ⅳ.① B848.4-49

中国版本图书馆 CIP 数据核字（2020）第 047613 号

上架建议：心理·励志

BINGQILIN DANG ZAOCAN YE BUCUO
冰淇淋当早餐也不错

作　　者：	[英] 劳拉·简·威廉姆斯（Laura Jane Williams）
译　　者：	胡　健
出 版 人：	曾赛丰
责任编辑：	丁丽丹
监　　制：	邢越超
策划编辑：	李　荡　蔡文婷
版权支持：	辛　艳　张雪珂
营销支持：	文刀刀　周　茜
版式设计：	李　洁
封面设计：	利　锐
内文排版：	百朗文化
出　　版：	湖南文艺出版社
	（长沙市雨花区东二环一段 508 号　邮编：410014）
网　　址：	www.hnwy.net
印　　刷：	三河市中晟雅豪印务有限公司
经　　销：	新华书店
开　　本：	880mm×1270mm　1/32
字　　数：	133 千字
印　　张：	6.5
版　　次：	2020 年 7 月第 1 版
印　　次：	2020 年 7 月第 1 次印刷
书　　号：	ISBN 978-7-5404-9576-3
定　　价：	48.00 元

若有质量问题，请致电质量监督电话：010-59096394
团购电话：010-59320018

致三个小机灵鬼:

你们从不知道,
我从你们身上学到不少,
就是这不经意间的"言传身教",

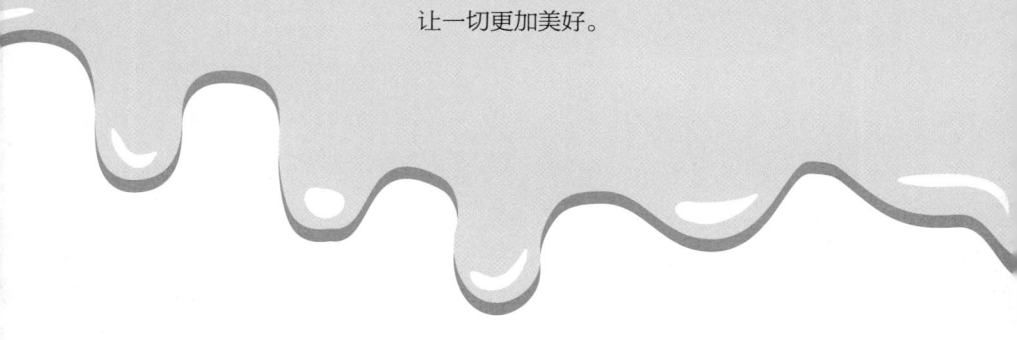

让一切更加美好。

ICE CREAM

FOR

BREAKFAST

自　序 /001

目　录

Contents

1. 天真不是幼稚 /001

2. 睡觉，一切始于此 /004

3. 平常的日子也需要仪式感 /007

4. 慢，下，来 /011

5. 做决定 /017

6. 生气只 10 秒 /025

7. 无尽的爱与坚守底线 /029

8. 原谅之类的 /034

9. 值得拥有 /038

10. 爱自己 /041

11. 怪咖，为自己的爱好而骄傲吧 /048

12. 我会告诉我的孩子，

　　并希望他们也能告诉自己孩子的一些事 /054

ICE CREAM
FOR
BREAKFAST

13. 即兴人生 /059

14. 冒险的意义 /063

15. 你的处境没你想象的那么糟。所以亲爱的，请冷静下来 /069

16. 寻求帮助 /076

17. 相信自己 /081

18. 学会放弃 /086

19. 无法快进的害怕时刻 /091

20. 不是一切都需要其他目的 /097

21. 提问题 /103

22. 反馈，并不可怕 /109

23. 怎么舒服怎么穿 /113

24. 身体的快乐 /117

25. "幸福"本是自然 /122

26. 触摸抚慰心灵 /127

目 录

Contents

27. 说实话 /130

28. 活在当下 /134

29. 知耻而学 /138

30. 过道上的舞者 /141

31. 梦想远大 /149

32. 责怪他人没有错 /155

33. 真心微笑 /158

34. 你很特别，其他人也不普通 /161

35. 做自己的英雄 /165

36. 伤痕是荣誉的勋章 /168

37. 事情一团糟，自己解决好 /171

38. 做不到怎么办 /176

39. 别破罐子破摔 /179

40. 善待自己 /185

致　谢 /189

ICE CREAM
FOR
BREAKFAST

年轻的心态源自漫长的岁月。

——巴勃罗·毕加索

ICE CREAM
FOR
BREAKFAST

自序
Preface

我为什么要写这本书

2016年春,我的写作生涯终于就要迎来梦寐以求的巅峰。10年来,我一直在努力出版自己的第一本书。为了在赚取房租的同时偷分夺秒地写上几笔,我做着毫无前途的零散工作,同时也牺牲了一切——错过了派对,拒绝了邀约,挥霍着感情,只为实现众人说得多但做得少的"出书梦"。

如今,付出得到回报,梦想最终实现。文字校对完成,书封设计完毕,精装书脊上印着我的大名。我成功了!全国各大报纸频频向我约稿,时尚杂志刊登了我的照片,大人物们不断提到我的名字。盛大的庆祝派对上,大家纷纷前来祝贺,客厅里堆满了百合,那数量比钟爱鲜花的歌手艾尔顿·约翰(Elton John)家里的还要多。这一刻,我走上了人生的巅峰。

一切似乎都是那么激动人心,但事实却是我完全透支了自己。

我患上了职业倦怠，但我对此毫无察觉。因为按字面意思，这是一种缓慢耗尽的过程。不是说人一觉醒来就发现，好像自己的"创意"打包好了行李，和"玩乐""嬉笑""乐趣"三个孩子"噗"的一声通通消失不见！不，倦怠很狡猾，发作得很缓慢，开始就模糊了工作应有的强度，要你更加努力、更长时间地工作，并且暗示睡眠也不是那么重要。倦怠还告诉你没有什么比得上工作和追求成功。它一点一点地清空你的"房间"，尽管从外面看来一切如旧，但家具已被搬走，窗帘也不知何故地被拉上，室内漆黑，音乐断了。一切糟糕透了。

直到医生问诊之前，我完全没有意识到自己再也无法感受四月阳光抚摸脸庞的温暖，再也不能发现事物的有趣，或者纯粹为了乐趣而去做事。我没注意到自己在不断叹气，乱发脾气，一切总要问个缘由，做事必须出于目的。要不是医生告知，我真没发现自己状态如此糟糕。

我以为，这不过是成年人应有的样子罢了。

然而医生否定地解释说，筋疲力尽、泪流满面、工作16小时——这不是成年人正常的生活。她一字一句地说，你对什么也不上心（下下段有呼应）。由于过度工作，我耗尽了体内所有的快乐荷尔蒙——血清素。如果不好好想想如何善待自己，这种非常糟糕的状态还会延续。不过，真正讽刺的是，就在我们说话的时候，我瞟到一本以我作为专题人物的月刊杂志，上面夸赞我面对极端生活时的"勇敢"和"大胆"。但坐在这位善良的医生对面，我却在跟她说自己无法正常地品尝食物。此刻的我既不勇敢，也不大胆。我忘记了如何快乐——如何"让自己快乐"，并且把"快乐"埋没在"身为成年人"的愚蠢观念之下。努力工作，感到不安，状态糟糕，然后继续努力工作，恶性循环。

这不是成年人应有的样子。

接下来发生的事情就有些让人摸不着头脑。我在广告网站"橡胶树"（GumTree 站）上看到一则当地家庭招聘兼职保姆的广告，然后我竟然就去应聘了。我甚至不知道自己为什么要看这个保姆招聘广告。就像刚才说的，在职业倦怠的那几个月里，我没对任何事情上心。见到那些小孩后，我发现她们一点都不令人厌——实际上，她们比我聪明，而且有趣，非常懂礼貌——于是，我告诉她们的父母，我非常愿意每天早上来给三个不到 11 岁的女孩子准备盒装午餐。当然，我说，早上 7 点开始没问题！太棒了！我微笑着回答，**每小时 12 英镑很好！别担心，我点点头，倒三趟公交、花一个小时把每个孩子送到各自的学校？我很期待！**

于是，接下来的九个月，我的生活开启了疯狂节奏。那段时间里，我每周花 25 小时给别人家的孩子扎辫子、陪她们玩娃娃、逛公园，然后再跑到英国广播公司（BBC）接受电台采访，或者给杂志写专栏。然后，我再带这些孩子去上游泳或体操课。我不认为她们的家长真的理解，一个偶尔会在公交站被人认出的作家，为什么要来他们家洗碗——因为可以获得现金收入？也许吧。家长和孩子都对我很满意，所以他们也就没多问。如果真的问了，我不知道该怎么回答，我也奇怪自己为什么会这么做。我只知道待在孩子身边会……有帮助，而这一直是我所擅长的。我曾经在罗马开过儿童语言学校，也组织过大学生暑期夏令营。孩子一直都是我的天然庇护所。

当然，我不是说在你筋疲力尽、有点难过或者劳累过度的时候，也应该去找份兼职，跑到别人家里，而且时薪还低于自己正常的午餐费用。我想说的是：这份工作对我的改变真是立竿见影。自第一天放学，我照顾的三个孩子之一，那个6岁的小女孩（以下爱称为小六）把小手塞进我的掌心，说"劳拉，你可以和我玩荡高高吗？"的那一刻起，我开始回归自我。我被迫理清头绪，关注这个全新的重要职责，哪怕这与我本人，与写作、打字、编辑乃至事业没有任何关系。这么多年以来，就在那一周结束时，我第一次惊奇地发现：原来这就是玩耍？

每天我都会与这些孩子一同开怀大笑。他们搞笑又难搞，任性又固执，总向我发问，但在低落时向我倾诉。她们打架又爱着对方，摔倒又爬起，互相说着坏话，但在看电影时彼此依偎在沙发上。

孩子们活在当下。他们沉迷于所爱之物。他们爱炫耀，喜欢自己，天性好奇，百无禁忌，因为他们还没有意识到这世界上存在着什么"限制"。孩子们想做什么就做什么，纯粹发自内心。

原来，孩子就是答案。

变得孩子一般童真，但非幼稚，让我再次感到满足。现在我终于明白了生活的真谛。孩子拯救了我，童真拯救了我。

这本书里讲的是家住伦敦北部的三个女孩子，无意间教给我的那些孩子式的问题处理方法，而我用这些方法解决了自己成年人的问题（其中大部分都是自己自找的麻烦），也找回了生而为人的喜悦。同时，本书还会讲到选择的乐趣。有时，在生活中"犯傻"并不只是孩子的特权，也是成年人的权利。要么"玩"，要么"死"。太过黯然的日子根本不叫生活。

这本书旨在让你了解成年人世界的规则，并在其中找到属于自己的快乐和刺激。问问自己"应该"做什么，然后选择能让自己更快乐的做法。我们不可能每天都拿冰淇淋当早餐，但在早餐时真的吃冰淇淋确实显得欢乐大胆，自由洒脱。

此外，书里还包含从孩子那里得出的40条人生经验（我发誓，这些经验并没有那么孩子气……），你可以从头到尾通读，或者根据需要选读。本书不按特定思路写作。难道你真的以为那些小机灵鬼会以某种线性方式来教我？如果真是这样，那才是见鬼了。她们的"言传身教"非常混乱，我到现在也没缓过神来。不过，混乱并不一定是坏事。这一点她们已经向我展示过了。孩子们向我展示了一切。

书里还有一些关于好奇和玩乐、活在当下、减少烦恼的内容以及人真正的价值所在。我将展示孩子们是如何重新教会成年人用自己的想象和创造找回乐趣。做回真正的自己，让自己快乐。

找回你心中的那个小孩。

ICE CREAM
FOR
BREAKFAST

1
天真不是幼稚

好的,在开始之前,我需要说明一下:我无法忍受成年人的"娃娃音",装萌扮蠢,或者为了逃避而装聋作哑。这既不聪明,对别人也不公平友好。孩子和大人都会幼稚,但孩子的幼稚属于梦幻般的童真。这两者天差地别。

作为这个世界的新手,孩子们既不倦怠,也无戒备,没有被社会和各种期望磨去棱角。在孩子眼中,山很高,海很阔,世间万物既是问题也是答案,并无界限。他们惊叹,他们好奇,他们因不知道自己"理应"怎样而无拘无束。他们奔跑,自由自在,畅所欲言,积极对待一切。

童真体现了孩子的可爱。但乱发脾气、以自我为中心、一天到晚没个正经,这些成年人的幼稚行为则往往不讨人喜欢(除非上电视真人秀，幼稚能创造收视率）。已为成年男女却依然幼稚而不成熟，这毫无魅力可言。

所以，我们得弄清两者的区别。

幼稚？是垃圾。

童真？是"皮一下很开心"，肆无忌惮，赤子热诚。

童真万岁！

让我们孩子气一点，但也不忘记要去做一个有能力、负责任的成年人。

好吗？

好的。

睡一觉

（基本）

解千愁

ICE CREAM
FOR
BREAKFAST

2
睡觉，一切始于此

在如今的生活中，总有喝不完的酒在等着你；网飞（Netflix）上的美剧必须马上观看，不然参与不了推特（Twitter）上的话题讨论；电子邮件也得第一时间回复，毕竟手机刚好"就在那里"。于是，睡眠成了一种奢侈。

我们不得不接受这样一个现实：**被我们第一时间抛弃的，正是保证生活正常运转且人最需要的睡眠。**

然而，你能想象对一个 5 岁的孩子说这些吗？在他们"挣得"睡觉"权利"之前，先给他们列出一个必须完成的任务？比如说："好吧，我知道你哭是因为我把三明治切成长方形而不是三角形。不过是你太累了，脑子没法转过弯来。睡觉前先拿出点男子汉的样子，振作起来。等你见上帝了就可以好好睡大觉了（或许本句可以删去）……"

照顾孩子的第一准则：拿孩子不知道怎么办时，就让他睡觉。把一切难题统统睡掉！生气？睡一觉。生病？睡一觉。醒了还是觉得有点累？那就再睡一会儿。听起来是不是有点无聊？这就对了。休息本来就不是值得兴奋的事，也不应该兴奋。总之，重点就是：停下来休息一分钟！！！

好吧，其实得休息很多分钟，换算成 8 小时的那种。就我个人来说，谨慎估计的话得要 9 小时。不过，状态不好、赶稿或情绪失控时，我也无法正常睡觉。这时，我最好的闺密总是温（yao）柔（qiu）地（zhi）问（dao）："宝贝，你昨晚睡了多久？"而双眼蒙眬的我几乎总是透过肿胀的喉咙回答道："没睡好。"其实，谷歌一下就会发现，世界上大约有一半人都觉得自己睡眠时间不足。

睡眠是世上最好的灵药，让人更有趣、更聪明、更友善、更漂亮。检查昨晚是否睡好的最快方法就是记下自己醒来后的第一个想法。如果闹钟响后，你的第一反应是"该死，我完了"，接着按下"贪睡"键后强行做梦：自己在某个温暖的地方登上飞机，一飞永远不返，再见啦，地上的人们！如果情况真是如此，请本周余下几天都提早一个小时上床睡觉。如果哪天你能轻松早于闹钟 5 分钟醒来，那么你一醒来肯定不是想着"完蛋了"，而那天也就是你改变自己的开始。

每个人都不应该在"啊啊啊，完蛋了。怎么又是这样？！"的抱怨中开启自己的新的一天。

（真的睡饱了？真是太好了，宝贝。我真为你骄傲。告诉我们你是怎么做到的。）

大部分孩子睡醒后不会真的从床上跳下来（抱歉，我不是说你也会这样）。精力恢复的孩子们会为一天接下来各种安排而兴奋不已。作为成年人的我们也应该多保持这种心态。借助长睡和小盹，去感受"哈！今天一切皆有可能"。休息好，精力才充沛；精力充沛，才可以掌控自己的世界。

说到晚上入睡，所有让你觉得舒服的方法都试一试，好吗？真的有用！毛绒睡衣？抱枕？热毛毯或者香香的薰衣草麦穗枕？哦哦哦，或许还可以喷点好闻的枕头喷雾，让自己深呼吸，更平静地进入睡眠！总之，尽最大努力，让睡眠成为一件乐事。

赋予睡觉仪式感。你值得享有必要的休息。让我们打破这个流传太久的谎言，别再说睡眠是一种奢侈。睡觉是你的"权利"。请行使你的权利。

ICE CREAM
FOR
BREAKFAST

3
平常的日子也需要仪式感

我们说到了赋予睡眠仪式感。其实，日常琐事都应具有某种仪式感。

在我照顾三个小女孩的那段时间里，我们把写作业叫作参加"热巧克力作业俱乐部"。当然，这是因为我们把来杯热巧克力作为辛苦写作业的奖励。

后来，我们把在餐厅柜台为自己点餐定为"天酬勇士节"。这个节日源自小六第一次勇敢地给自己点餐，当时颇受感动的咖啡师还免费送给她一个羊角面包。此后，每当我们需要鼓起勇气就提醒自己，只要勇敢起来，美好的事情就有可能降临。

我所谓的"贫民午餐"——冰箱里有什么，就做什么——变成了孩子们的"趣味午餐"。无论是法兰克福香肠配鹰嘴豆泥，或是薯片配酸黄瓜酱，再搭配布丁做甜点，她们都吃得不亦乐乎。经朋友布里奥妮介绍，我才知道这种用碗橱里所有食材做出来的大杂烩叫作"牛仔早餐"。我喜欢这种食物被一扫而光的感觉。

之后，我开始在保姆生活之外的"其他"事情上注重仪式感，比如给事物取名字。成年的我们（我）陷入日复一日的生活，以至于连一杯香浓的咖啡或热牛奶都忘了去享用，甚至还鄙视地认为这是浪费时间和精力。因为我们（我）认为有更"重要"的事情要做。

我们一边在办公桌上吃饭，一边做着明天汇报的笔记，下班去喝啤酒也只是乱灌几杯，毫无品味而言，因为我们需要冲回家（＿＿＿＿＿＿＿＿＿＿＿＿）（请在括号中写明理由）。

几乎所有人都有过年末放假慢下来就感冒了的经历。当然圣诞节确实是一个压力来源，毕竟要做的准备实在太多。但真正的原因是，整整一年下来，大家的身体第一次得到了放松。

我们忙于生存，却忘了怎么生活。

但对孩子而言，没有什么比把餐盘里的土豆泥和烤肠摆成两个眼睛、一张笑脸更重要的了。如果他们真的要吃，也会把食物做成艺术品。在孩子眼中，一切皆是艺术。

只要孩子们坐上去奶奶家的车，他们就开始滔滔不绝地跟你一路叨唠要做这个玩那个，非常详细地计划花费在每项活动上的时间和精力，而且还为你不像他们那么为"在花园里玩耍"兴奋而感到困惑。

事实上，我们不都一直鼓励这种期待感吗？在善良的女理发师给他们剪头发时，仔细介绍哪些书籍他们可以阅读，或者让他们决定要看什么书；如果看牙医时表现得好，回家后就可以看一整个小时的电视。一切都可具有仪式感，为孩子创造仪式感对我们成年人而言也是一种乐趣，我们也该为自己创造仪式感。

当一切都具有仪式感时，普通就会变得非比寻常。

那时候，每一刻都有了意义。

这就是乐趣！

生活的唯一意义就在于我们赋予其意义。我们认为这一刻特殊，那么这一刻就是独一无二。

让我们欢度每一天。让周一成为"面包店自由日"，让周三下午4点成为给可爱的人准备的"性感短信时间"——让难熬的周三不再那么"难耐"（懂了吗？！"难耐"？你不懂？好吧，忘了我说的话）。让我猜猜你更喜欢这两天中的哪一天。说实话，很可能是"面包店自由日"，毕竟短信可不比美味甜点，不过它们都能给你带来一段快乐时光。

让每一天、每一周、每个月都值得期待，值得奖励。每月第一天？好的，晚餐吃煎饼！大型家庭活动的前一晚？很棒，来场沐浴仪式！当然，你不一定非得取个傻傻的名字，但给仪式取名真的会让你更加享受其中。

就像孩子那样，让自己感觉每件事都对自己非常重要。哪怕只是"鱼饼星期五"或"棋盘游戏幸运夜"。找个借口搞庆祝。编个理由去派对。让每时每刻都变得有意义。无论是复活节的餐巾，还是情人节的玫瑰，只要是"出于某个原因"，买几个纸杯蛋糕也可以。最重要的是：慢下来，好好享受一切。你停下来，地球也不会因你而停转。

在人生最黑暗的时刻，你会有种错觉，觉得自己才是地球转动的原因。但我可以 200% 地向你保证（因为我也曾有过这种感觉），即使你脑子坏掉了，地球也照转不误。

真相就是，甚至也许你人没了，世界都不会注意到。

ICE CREAM
FOR
BREAKFAST

4
慢，下，来

塔比莎小朋友毫不在意公交发车时间，也不知道如果想边吃晚饭边看电视剧《加冕街》（Coronation Street），那就得在下午 6 点之前做好鸡肉。她想的只是去摸摸拴在商店外的狗狗，然后趁着没人，再荡 5 分钟秋千，最后给你展示一个酷酷的玩意：快看这儿！有只鸽子在吃死松鼠！

猜猜有多少人死于欢度这些慢，下，来的零碎时间？没有人。

（不过，我向松鼠表示哀悼。）

在 TED 演讲《这一年，我对所有事情都说"行"》中，好莱坞著名编剧珊达·莱姆斯谈到她从孩子那里学到的经验：停下工作去玩耍并不会"损失"太多宝贵时间。因为所谓的"忙碌"和"自身关键性"，莱姆斯曾经拒绝孩子的游戏邀请，但最主要因素还是她自己的压力。但在对孩子任何要求都说"行"的那一年,她别无选择,只能跪下来、腾出手与孩子一起拼装玩具火车,玩玩偶或来一次"疯帽匠茶会"过家家。事实证明,在她参与其中后,孩子们只需要她保持专注不超过15分钟。

这15分钟迫使莱姆斯放慢速度,沉浸于这些间隙时刻,而这一刻钟的玩乐缓解了压力,使她回到工作后更为专注。

我曾经自我告诫,没有停下来的工夫,去花15分钟时间做一些无聊或临时起意的事情。但是,我在公园等孩子的时候却会不由自主地翻看以前同学的脸书(Facebook)状态。事实上,我不喜欢那些人,也不知道自己为何会关注他们。平时我把时间浪费在刷脸书或看短视频上,但当我陪着孩子去游乐场,我会把手机放进包里,有意识地让自己保持百分百专注,不做三心二意的保姆。那一刻,我开始意识到那15分钟原来那么重要。

要是我们花15分钟用心为自己做一件事会怎么样呢?

在家里、单位或通勤途中挤出15分钟,让自己慢,下,来。比如,想办法每天固定时间在办公桌周围或街区附近散步。

一边刷着爱不释手的App,一边沉思。

给高中朋友发个电子邮件。

做点心。

放空15分钟。只要态度正确,放空也有意义。

我们已然忘记无聊是什么感觉。略感无聊难道就这么可怕?这是因为我们总能听到自己的心声,所以哪怕只是静静地坐着,一些负面情绪也会强行涌上心头。不过，这并不意味着我们不应该这么做。事实上，我个人更觉得我们更应该倾听自我。只要我们对黑暗发出一点光，黑暗就不那么可怕。

我照顾的一个小女孩有天上学时恰好带了踏板车，于是我临时决定让她"迟到"15分钟，因为我们想到老街的地下坡道会是体验速度的好地方。这个决定成就了她最快乐的一天。来吧！我们跑上跑下，风吹过头发，染红脸颊。我想，那天她拼写测试10个词全对也许就是得益于此。正是自己这种"管他呢"的态度，让我有勇气去邀约朋友的朋友。那天早上，生活变得如此美好。如果万事都要照顾到，只会一事无成。

15分钟。仅此而已。好好享受它——因为没有人能把时间施舍给你。

值得为之停留的片刻

躺在床上听雨 / 用土豆制作薯片 / 沉思 / 亲吻 / 冰淇淋圣代 / 漫漫的回家之路 / 小狗 / 日落 / 给想要留念的事物拍照 / 一首诗读两次，因为第一次根本读不懂 / 英式早餐茶 / 热巧克力 / 咖啡里加点白兰地 / 好吧，冷天里的任意一杯热饮 / 听完整张专辑 / 告诉她"你真是机灵" / 看书 / 打电话给妈妈 / 微笑着了解事情的原因 / 看风景 / 他的短信 / 一句"谢谢" / 需要你的人 / 你需要的人 / 云雨之欢 / 看叶子变色，知季节更迭 / 美食的第一口 / 看一只松鼠，造一个句子 / 思考令自己害怕的事物，让自己不再畏惧 / 收发一封纸质信件

ICE CREAM
FOR
BREAKFAST

我想慢，下，来，只为：

1._____
2._____
3._____
4._____
5._____

做出选择

（选择引导行动）

ICE CREAM
FOR
BREAKFAST

5
做决定

孩子做决定完全是基于原始直觉和本能，通常在那个决定时刻，要做真实的自我——有点像喝醉了一样。

孩子不会写出利弊列表，权衡所有案例依据，也不会给最好的朋友打电话求助。

做出决定时，孩子允许自己去追求梦想（人有自由，想你所要！你清楚了没？这就是启示），然后他们说出自己所想，接着也就得到了。

"你烤了贝果饼，我不喜欢烤的，有种烧焦的味道，"我照顾的三个孩子中那个9岁的孩子（以下爱称她为小九）告诉我，"如果可以的话，我想再来一个不是烤的，谢谢。"

"劳拉，你在公交上对着手机唱歌，真的尴尬。"小六平静地跟我说，"但这些歌词很有趣。你能只念歌词吗？"

"劳拉，我朋友过来的时候，你可以让我们去我的房间，并且不打扰我们吗？不然真的一点都不酷。"年纪最大的姐姐（11岁，后文爱称小十一）说道。

这是一种惊人的连锁效应：你因心里所想，而说出自己所要，其他人也明白该如何应对你的这种诉求。听到孩子们的建议，我知道要用烤面包机低档加热贝果饼，不再大声唱歌（对此，我并不全盘接受，因为我这只知更鸟不会保持沉默），以及如何成为她朋友面前的"酷保姆"，而不是"令人尴尬的怪阿姨"。孩子们每天传授我直白说话和做出决定的宝贵经验。我知道如何最好地照顾孩子，这是因为她们让我学会如何照顾，这种感觉真是太棒了！

总之，我的意思是，粗鲁和诚实之间显然存在差异。我不会认为这些小女孩的直接是一种冒犯，反而我很感激她们让我知道她们需要什么。

如果我说出自己所想会怎么样呢？我开始好奇如果我允许自己追求心中所想会发生什么？

我发现，人们通常最害怕坦承自己心中所想。我也怯于承认自己确有需要，成熟的成年人都很难承认自己内心的渴望。好吧，我很难承认的内心渴望有：

- 肢体安慰
- 口头安慰

- 空间
- 腾出该死的一分钟整理思绪
- 没有酒精的夜晚
- 别人给予的工作反馈
- 不用总去接纳他人
- （别人任何形式的）帮助
- 更多时间
- 更多睡眠
- 更多钞票
- 事实上，我要就此打住。我哪来的资格去提更多要求？

此外，我也很害怕说出这些我想要的：

- 别人的陪伴（不用出于我本人的什么特殊原因）
- 别人的小恩小惠
- 感情
- 独处时间
- 不想承担别人的负担
- 支持
- 请退回我 20 英镑
- 赞美
- 宽恕

- 一个解释
- 谈论自己的权利
- 把垃圾箱拿到屋外

  我慢慢意识到，如果有人在咖啡馆问我想要喝什么，与其支支吾吾地说要一杯去咖啡因的美式咖啡，我直接说一句奶油星冰乐就行了，不用在意别人会作何感想。

  当经纪人、编辑、会计……或者我爸要我立马做某件事时，我可以回答我真的很忙。

  如果情人想要在床上尝试"新花样"，我不必假装享受，或者苦恼于如何温柔地给他"鼓励性反馈"。我可以简单地说："宝贝。请把奶油拿走。我真不觉得好玩。"

  其实，在"自我"介入、分析各种自己合理与不合理需求之前，直觉已经告诉我们自己想要什么了。对我而言，保姆工作帮助我牢记这个关键点。以往我总是优先考虑为所有人做所有事，但努力过后的失败让人崩溃，最后我只有选择对有些人有些事"不放心上"。好吧，你知道的，我们的"自我"有时会派上大用场。倘若我们是因为"生命只有一次"，便在73路公交车上随意搭讪某位漂亮姑娘，或者只要感觉来了就马上放屁，那么这个世界将充满侵犯和恶臭。当然，对那些开着宝马，在高速公路上疯狂超车，还对别人大喊"滚去吃灰吧"的傻子，我们不能保持沉默。

我要说的是对待问题的第一反应。基本上，第一反应不是让人心跳加快的

"Yes！"

就是让人心里一凉的

"No！"

重视第一反应。首先，让自己产生第一反应，然后再大声说出来。我在练习这个过程时，尽量不去担心人们对我的看法。带着从那些女孩身上学来的那份自信，我开始尝试着去做。

"Yes！"——每天下午6点去游泳。这种以舒缓而类似麻醉的方式、在水中用肢体力量舒展身体的感觉真是太棒了！

"No！"——博客读者或推特粉丝送的咖啡。我对身边最亲近的人都难以挤出一丝笑容，所以肯定不会对陌生人逢场作戏，哪怕双方都是善意满满。

"Yes！"——邀请我最好的闺密和她的女友来到花园，共享晚餐，而我则穿着舒服的鞋子，不回复并直接删除电子邮件，毕竟一天只有24小时。

"Yes！"——每周理疗一次。

"No！"——拒绝再次听到脑海中那个责怪自己自私偷懒的声音，不再为自己精神健康问题和需要接受药物治疗感到羞耻。

是否害怕人们质疑这个"新的"劳拉怎么如此"无礼"？我想

我不会。我发现，如果一个人足够信任别人并说出心中所想，人们也会欣赏这种袒露心扉者。这样一来，大家都不必相互猜测。这种信任使得他们更为诚恳地表达自己的需求。甚至连我老妈都对我这么说！

本质上，人们都在寻求获得心中想要的许可。

来吧，从自己做起，世界需要你说出自己的心中所想。

什么事会让你觉得"Yes"?
你会仅仅出于无聊和搞笑而乐此不疲地做哪些事?

1.＿＿＿＿＿＿＿＿＿＿＿＿＿＿＿＿＿＿＿＿＿＿＿＿＿
2.＿＿＿＿＿＿＿＿＿＿＿＿＿＿＿＿＿＿＿＿＿＿＿＿＿
3.＿＿＿＿＿＿＿＿＿＿＿＿＿＿＿＿＿＿＿＿＿＿＿＿＿
4.＿＿＿＿＿＿＿＿＿＿＿＿＿＿＿＿＿＿＿＿＿＿＿＿＿
5.＿＿＿＿＿＿＿＿＿＿＿＿＿＿＿＿＿＿＿＿＿＿＿＿＿

什么事会让你觉得"No",从而开始少做?

1.＿＿＿＿＿＿＿＿＿＿＿＿＿＿＿＿＿＿＿＿＿＿＿＿＿
2.＿＿＿＿＿＿＿＿＿＿＿＿＿＿＿＿＿＿＿＿＿＿＿＿＿
3.＿＿＿＿＿＿＿＿＿＿＿＿＿＿＿＿＿＿＿＿＿＿＿＿＿
4.＿＿＿＿＿＿＿＿＿＿＿＿＿＿＿＿＿＿＿＿＿＿＿＿＿
5.＿＿＿＿＿＿＿＿＿＿＿＿＿＿＿＿＿＿＿＿＿＿＿＿＿

人有自由，想你所要。人有自由，想你所要。

人有自由，想你所要。人有自由，想你所要。

人有自由，想你所要。人有自由，想你所要。

人有自由，想你所要。人有自由，想你所要。

人有自由，想你所要。人有自由，想你所要。

人有自由，想你所要。人有自由，想你所要。

人有自由，想你所要。人有自由，想你所要。

人有自由，想你所要。人有自由，想你所要。

人有自由，想你所要。人有自由，想你所要。

人有自由，想你所要。人有自由，想你所要。

人有自由，想你所要。人有自由，想你所要。

人有自由，想你所要。人有自由，想你所要。

人有自由，想你所要。人有自由，想你所要。

人有自由，想你所要。人有自由，想你所要。

ICE CREAM
FOR
BREAKFAST

6
生气只 10 秒

我们总认为自己"不该"遭遇种种离谱境况,所以成年人(我)容易因此而愤怒,但有时也会压抑这种情绪。我们总认为"成熟"的"成年人"应该冷静处理,而非"大惊小怪"。"发泄"不是"成熟","依赖"没有"魅力"。

这真是胡说八道。

愤怒让我们明白什么对自己至关重要。因为这是一个极端的反应!极端反应体现深层情绪!有情绪,很正常!

我在孩子们身边,感触最深的一点就是,孩子生气后很快就会消气,他们没有继续拗气,让事情恶化。小十一可以气呼呼地说自己恼火是因为妹妹偷了电视遥控器,但只要拿回遥控器,她立马把妹妹拉入怀中,一起看情景喜剧《少女卧底》(*K.C. Undercover*)。

她们还会为一人有 6 颗"宝石"软糖，而另一人只有 4 颗而争吵，最后大家平均分配，皆大欢喜，不然我真怕下一秒姐妹们大吵大闹起来。女孩们不怕生气，因为她们清楚生气不会显得她们不可爱，而且争吵有利于帮助双方实现心中所想。

感到愤怒时，我们不应该大声尖叫（而且，跺脚是我的忍耐极限：我从不理会那些生气跺脚的孩子，他们只会被直接带回房间）。但生气时大声说出来原因倒可能有利于健康。

按我们家里的说法，消除怒气不是"击鼓传花"，不是向别人大喊大叫来传递你的愤怒，直到对方开始生气，你便可以如同《冰雪奇缘》里的艾莎公主一样 let it go，让怒火随风而逝。

消除怒气在于感受愤怒，承认并将其释放给神灵，减轻自己的负担。

能够释放怒气真的很棒，但大喊大叫基本就只是引发心脏病的举动。尝试表达"这个让我心烦意乱"或"这样伤害了我的感情"却效果惊人。这些话语有利于进一步控制愤怒者的情绪，停止对对方施加伤害，因为没人忍心去踢一只柔弱小狗，或去催促一个"哎哟"喊痛的人。

因此，一生气时就马上说出来是为每个人提前消灾。如果小甜甜布兰妮（Britney Spears）在精神崩溃以至于自剃光头之前，就表明"我受够了"会怎么样？我猜，起码狗仔队的车就不会被她拿伞怒砸了。你明白我在说什么吗？对于过错，更应宽恕，而非纵容，但谈到愤怒时，预防第一，释放第二。

以孩子般的方式处理愤怒，让我明白不该自己一有任何情绪就自我指责。人们天然能感受自身情绪，这非常正常。每个人都有情绪：我可以在工作中由于别人的过高期望而感到不知所措；我可以对姐夫的无心之言感到不悦。我可以为金钱感到焦虑。

对我来说，美好人生始于承认这些负面情绪。我承认有些事物可以伤害我，让我烦躁恼火。在慢慢控制自己的愤怒或沮丧后，我发现其实没人会因为我的情绪而受到影响。大多数情况下，人们只是想帮忙，比如还给我们遥控器，或者彼此平分软糖。他们想要的不过也是快乐。无论我们如何怀疑别人怀有怎样的恶意，别人一般不会主动去伤害或挑衅我们。

每个人都喜欢彼此愉快相处。

无论什么类型的极端情绪都是一种脆弱的表现。需要再次说明的是：人们往往在值得信任的人面前才会展现自己脆弱的一面。不过，关键在于，示弱以表不满实际上让我们变得更强大。这就是我的个人发现。表现出脆弱说明自己被某些人事所困，比如"你刚刚以这种方式对待我""你还没预订周末出行的火车票""和朋友们在一起时，你总是想要说服我"，从而强迫自己用语言挑明自己的底线。展示脆弱时有助于搞清自己的底线。

底线——这真是奇怪的结论。印象中，人们不可以有底线。我原以为充满爱心、善良可亲的人没有底线。我以为他们会无限地或者在大部分时间里可爱下去。但这恰恰也是让我愤怒的缘由，因为我总要表现出快乐随和的样子，哪怕遭遇了浑蛋。这种伪装压得我喘不过气。

　　自从开始控制愤怒，我才真正了解了自己的底线。我的心胸不必如此宽广，以至于允许靴子肮脏的浑蛋随意践踏。"我不喜欢这样子玩娃娃"，说完小九回到自己的房间看书去了。原来她和小六玩洋娃娃时，后者耍赖地拿了"善良"娃娃和所有"最好"的衣服。于是，姐姐让妹妹一个人玩。小九画出了自己的底线，做出了自己的决定。

　　我可以明白而且也开始明白，加拿大著名作家、企业家丹妮尔·拉波特（Danielle LaPorte）所说的：敞开心门，但也要围上栅栏。我照顾的这三个孩子在这方面的成绩都是 A+，而我花了整整九个月的时间观察，才真正意识到大多数成年人在此方面的表现是那么差劲。对于保护自己的心灵，我要做的还有很多很多。但是，现在的我是否已经想好怎样才能既敞开心扉同时也保护好自己？我觉得只有女超人才能做到这一点。

ICE CREAM
FOR
BREAKFAST

7
无尽的爱与坚守底线

好莱坞女星德鲁·巴里摩尔（Drew Barrymore）曾在女性时尚生活网站"Refinery 29"写过一篇关于著名脱口秀主持人奥普拉（Oprah Winfrey）的文章。文中有这么一句："（对于别人）你必须给予无尽的爱，但也要坚守自己的底线。"如果你问我为什么以巴里摩尔为例，因为她就是那个身处成人世界但依然怀有孩童天性的女性典范。

我之所以会那么认为，是因为她那种左右逢源的感觉。一个人要拥有这种与身边每个人相处融洽的奇妙感觉，不仅需要强大的感知能力，而且自己首先要与自身相处融洽。巴里摩尔经营自己的制片公司、葡萄园、化妆品牌，而且和大半个好莱坞的人都是朋友，但她给人的感觉似乎又是那么轻松愉快。她是企业家，也是大家的开心果。而她认为能成就现在的自己，是因为了解自己的底线。

一旦清楚自己的底线，就更容易为自己建立围栏，以防被频繁入侵。

这样做会让你快乐。（而我会为你开心。）

无论是怀疑遭人利用，或者出于某种原因遭受不公对待，还是心里明明不喜欢别人这么对待自己，但又装作有所释怀地不在嘴上明说，这些都让人感觉糟糕透顶。

对朋友的朋友，你可以送上祝福，但不必打乱自己周六晚上的安排来帮助他们搬家，哪怕你在社交网站上看到他们正为搬家痛苦不已。尤其是如果你提前六个月订了剧院门票。给他们发条消息说你想他们就已足够，没有帮忙并不就意味着你就是个小人。

尽管你的妈妈正和她的姐姐吵个不停，但在她给你打电话倾诉时，你可以告诉她，自己现在正在做晚餐，明早会给她回电。同理，在和爱人的约会之夜，拒绝卷入长辈之间的争吵也不意味着你就是个不孝子。

你可以爱你的丈夫，但没必要非得要他为你在餐厅点单。天啊，你总可以为自己选一款汉堡吧。

你可以把最后一块雀巢巧克力送给爱人，也可以觉得他用光了你那瓶 25 英镑的洗发水真的很过分。

你可以认为你的孩子是有史以来最完美的小孩，但也承认他们回家后不挂上校服，或者希望妈妈把他们的脏碗放进水槽的时候让人讨厌。

不过，我发现爱也存在底线。那是在我第一次抱起小六却把她惹毛的时候。当时，她挡在了楼梯上，我本以为凭借自己庞大的身躯外加使用蛮力就行。当我把她抱起，挪向左边时，她非常清楚地表明自己不喜欢这种方式，并且尖叫："不！我不要！我不喜欢！"

你能想象沉着冷静的大人会说出这些话吗？

无法想象。

"不要那样做。"

"我不喜欢那样。"

这也是一种力量。

当然，小六的反应完全正确。我不知道当时为什么自以为可以这么对待她。我要求她挪开，但她没有，所以我略微采取了"武力"。但这样的结果实在糟糕。你知道吗？从此之后，我再也没有为了让她做什么事就抱起她。这是一条清晰的底线。皆大欢喜。

不过，孩子不会记得曾"告诫"我这条底线，也不会由此不停抱怨或是怒火中烧。她做到了——划出底线，生活继续。这真是太酷了。她释放了怒火，表明了观点，也有助于我成为一个更好的保姆。双赢。

孩子渴望爱也给予爱，他们划定底线的方式总令我惊奇，那就是用非常直接的语言表述。"我不喜欢这样！"他们叫喊。"你这样做，我就不和你好了！"他们哭唧唧。"我已经告诉过你了！"他们叹气。孩子感情澎湃，分分钟让你知道他们的底线。他们不针对谁，他们就是如此。

你能想象吗？孩子划定底线从不针对谁，而只是他们的底线。

当她跟你说不能用她 150 英镑的汤姆·福特（Tom Ford）香水，这不是针对谁，而只是她的底线。

当他跟你说无法接受迟到 35 分钟，这不是针对谁，而只是他的底线。

当你质疑室友后门又没锁，一旦遭劫保险不赔时，这不是针对谁，而只是说明你的底线。

当然，你不能以此为借口滥用"底线"。试想一下，以这种不针对任何人的方式提供反馈，再以这种方式接收反馈，这样一来，所有人也许就不会那么敏感，但又皆大欢喜。

这不是针对谁，而只是底线。

（有时候，你必须得对某些人亮出底线。）

ICE CREAM
FOR
BREAKFAST

8
原谅之类的

　　孩子与别人相处时，希望彼此都能快乐。他们不是那种等着抓住你的把柄再加以利用的小人。他们不会记得你两周、两个月或两年前做了什么对不起他们的事。能够原谅他人就是继续自己的生活，我们可以从过去的伤痛走出来，继续生活。谈到原谅与遗忘，关于这个话题可以说的还有很多。

　　我知道原谅他人并不容易，而且别人也不总值得我们原谅。但对于我们自己，原谅他人如同一种自我解脱。

　　原谅他人，就此遗忘，并不意味着宽恕他人后自己就能平复心境。只不过我们原谅他人时，自己更容易感到快乐或提高工作效率。

　　怨恨以各种方式剥夺我们的尊严。放任怨恨加深无疑将形成心理陷阱。怨气隐而不发无异于堆柴引火，释放怒气才能釜底抽薪。

当我们被人冤枉而倍感无力,有时唯一可以做回自己的方法就是原谅。这样做是为自己,而不是为了别人。我们昂首继续自己的生活,这既是我们的决定,也是我们的权利。

三个孩子中,小九尤其敏感,但很会自我调节情绪。她采取的主动原谅方式是耸耸肩膀,然后独自一人玩新游戏,因为这样她便可以在独处时放松情绪。玩了一两个小时后,她会再次和大家打成一片。不过我也清楚,成年人主动去原谅别人情况要严肃得多,毕竟成人之间的冒犯,远远超过孩子之间的偷铅笔,和拒绝伙伴的"追人游戏"邀请所带来的伤害,而且我还总会思考"为什么"成年人会有这些冒犯别人的举动。

我知道给自己写信听起来很蠢,但每当心烦意乱或感到被背叛时,我都会给自己写上一封。因为写作是我的第一表达方式,同时也是我寻求安全空间、表达自我的最佳途径。在这样的信中,我会允许自己自由宣泄隐忍的情绪。如果我接受被伤害的现实——我真的会写"我受伤了"。如果我承认有些事困扰我,但对此释然,我会写下:

我完全原谅_____(某人名字)_____
_____(被冒犯行为)。

如果你也打算给自己写信,想写多少就写多少。比如:
你从健身房回来发现妻子吃完了最后仅剩的美味果酱。

你为最好的朋友不再与你频繁联络而生气。

你的母亲毁了你的童年，或者你的父亲应该给你报名少儿马术课。

或许，你的脑海中会浮现出一100万件的小事或100万次创伤，但你把它们写下，从而释怀，就类似《哈利·波特》(Harry Potter)中，魔法师邓布利多（Dumbledore）的那个存储想法和记忆的"冥想盆"。这样一来，就能为你所需保留的美好腾出空间。或者，鼓起勇气向自己和信之外的第三人（物）倾诉不满。如果向第三方倾诉有助于进一步释放怒火，那也是很好的方法！

我原谅你。

说出"我原谅你"需要很大勇气，但又让人感觉轻松。不去控制怒气，反而感觉更有自控力。

宽恕别人不会让你成为受气包。过去我一直以为，容易原谅意味着容易受伤。但如今，我越尝试原谅他人，就越敞开心扉，但同时也应设置"围栏"保护自己。原谅让我释怀。原谅分散了我对恼怒之事的关注，而把注意力转向更有意义的方向。

当选择了原谅，心态恢复的我才能说出那句："来，我们接下来玩什么？"

有时，
我们没有得到应有的
道歉。
人生就是如此。
总得释怀。

ICE CREAM
FOR
BREAKFAST

9
值得拥有

  拥抱。微笑。爱你的朋友。相守终身的爱情。安全的住所。自来水，供暖，干净的床单。教育。机会。希望。奥利奥奶昔。周末早上赖床。清楚自己想要什么。追求心中所想。旅行。照镜子，喜欢镜中的那个自己。新的连衫裤。翘班。跳舞。玩乐。为挑战不可能而雀跃。仅是"存在"。

  人生意义。活着。感恩。远离浑蛋。自我救赎。自我改变的权利。旅行。不评判他人。自己定义成功。剃光头，打鼻环，穿芭蕾舞短裙，搭条纹紧身衣，配机车靴。舞会礼服，雅痞衬衫，无框眼镜。洒脱无所谓。在家开派对。约会。说"Yes"。让别人结账。分享自己拥有的东西。做点手工。音乐。自己的嗓音。

  讨论。辩论。争执。保留意见，但能在学到新知识后改变看法。

阳光洒在身上。海浪没过脚踝。看书。"浪漫的邂逅"。好看的发型。

在一瞬间做出改变。对自己所爱的人，以他们一直想要的方式对待他们。善良，更善良。做到最好。一点一滴的幸福。身心完整。感受恐惧，敢于感受恐惧。说"No"。做你自己。自信。

有能力逃避。做爱。高潮。亲切感。孩子。家庭。感到不凡。完美的工作。不会感到羞耻。按自己的方式行动。无视那些憎恨你的人，因为总会有讨厌你的人。浪漫。

可以脆弱。满足。拥有人性。感到不适时退出。把握当下。深入了解你的爱好。

真的，你值得拥有你敢于梦想的一切。

请你爱自己

ICE CREAM
FOR
BREAKFAST

10
爱自己

"我爱爸爸，我爱妈妈，我爱自己。"这是我从好友梅里亚的孩子口中，听到过的最酷的一句话。梅里亚，作为家长你可真棒！这样的一个孩子值得被当作成年人一样去认识。

我从来没有怀疑过小十一会不会因为担心特雷弗同学是不是在昨天午餐时误解了她的笑话，而失眠到凌晨 4 点。小六则从不质疑自己的表达能力，也不会为午餐时喝了两杯巧克力而自责。她们不去过多考虑他人，因为她们也没有那么看重自己。她们自知自觉，但不自我怀疑；关注他人，但不让他人成为自己世界的中心。她们思考，但不会想太多。

那句名言怎么说来着——这句名言实在太有名了，我都忘了是谁说的——关于作为一个成年人，我们要花费很长时间去遗忘那些所谓的"成人规范"?我不清楚是不是这句话,也可能把几句名言搞混了。我越反复思考这句话,就越坚定我的想法——人们为什么要在脑海深处强调自己在生活中、爱情里和世界上"一无是处",为什么要总是记得别人讨厌自己以及自己做错的事——这些想法都将占用精力,而这些精力本可用来做别的事情,比如享受生活。不然,人生又是为了什么呢?

人生的意义在于享受生活。

不要歪曲了人生的意义。学会爱自己是一生的事。因为作为成年人,我们往往都会不喜欢现在的自己,这种情况时常发生。

社会教导、文化规范、性别差异、性的禁忌、"做个好人"以及其他社会要求让我们疲于应对。好吧,成年人的生活真是糟透了。

成年人负面自我评价的习惯经年累月,根深蒂固。因此,你不可能读完我这段话,就决定崇拜自己,然后永远地喜爱自己。起码我就不是这样做的。

有些时候我们过得不错,而其他时间却感觉像是世界末日。但即使是在那些糟糕日子里,我们仍然需要活得有尊严。

这难道不就是喜欢自己的关键?自尊。

记得在意大利做英语外教时,我遇见了一个叫朱利奥的13岁的男孩。他聪明有趣,沉迷于披头士和伍迪·艾伦的电影(没错,我们还谈到了伍迪·艾伦的个人问题)。午餐时,我坐在他旁边,听他兴奋地介绍自己的喜好,还说:"我英语好,当然想去英国读书。""我要成为电影制作人,让大家都知道我的大名。""我性格的最大优点就是幽默。"孩子们很容易肯定自己存在的价值，因为他们还没踏上通往完美主义的徒劳之路。孩子唯一走上的道路就是成为自己。这就已经足够。

做自己。你很棒。

通过朱利奥，我不再自我评判。先学会和自己做朋友：拒绝把所做的事、曾经的想法以及过去的生活单纯地以"好""坏"区分。

用挚友般的口吻鼓励自己：你有尊严，你有价值，不为别人守候，只为自己驻留。

用平常和孩子说话的方式与自己对话。

"好样的！"

"真棒！"

"慢慢来，宝贝！"

"吃了吗？"

"你这么厉害！肯定下了很多功夫！"

"我爱你。"

向自己保证：不要放弃做自己。

向自己承诺：无条件地爱自己。

唯一重要的是自己的真心和善意。亲爱的，心真意善的你是纯真的，也是自由的。

如果不想那么拐弯抹角,你可以这么想:知道自己已尽力而为。尽力而为,就已足够。

现在的你已经很完美了。

"永远做最好的自己,而不是别人的翻版。"

——朱迪·嘉兰(Judy Garland)

喜欢自己的 19 个理由

比如，我喜欢自己的头发。自己的笑声。喜欢在房间里读书的自己。自己能记得很多人的生日。自己井井有条的样子。我喜欢自己的 19 个理由……

1. _____
2. _____
3. _____
4. _____
5. _____
6. _____
7. _____
8. _____
9. _____
10. _____
11. _____
12. _____
13. _____
14. _____
15. _____
16. _____

17._____
18._____
19._____

自己擅长的 19 件事

比如，我很会用吐司条蘸溏心蛋。我擅长给新鞋绑鞋带。我时间观念强。我可以长时间淋浴。我写得一手好字，善于手写漂亮的清单……

1._____
2._____
3._____
4._____
5._____
6._____
7._____
8._____
9._____
10._____
11._____
12._____

13.＿＿＿＿＿＿＿＿＿＿＿＿＿＿＿＿＿＿＿＿＿＿＿＿＿＿＿

14.＿＿＿＿＿＿＿＿＿＿＿＿＿＿＿＿＿＿＿＿＿＿＿＿＿＿＿

15.＿＿＿＿＿＿＿＿＿＿＿＿＿＿＿＿＿＿＿＿＿＿＿＿＿＿＿

16.＿＿＿＿＿＿＿＿＿＿＿＿＿＿＿＿＿＿＿＿＿＿＿＿＿＿＿

17.＿＿＿＿＿＿＿＿＿＿＿＿＿＿＿＿＿＿＿＿＿＿＿＿＿＿＿

18.＿＿＿＿＿＿＿＿＿＿＿＿＿＿＿＿＿＿＿＿＿＿＿＿＿＿＿

19.＿＿＿＿＿＿＿＿＿＿＿＿＿＿＿＿＿＿＿＿＿＿＿＿＿＿＿

我不擅长但无关紧要的 5 件事

比如，我的数学很糟糕，但我有计算器。我给自己染发从来无法染匀，总遮不住发根颜色。尽管知道该如何表现，但我无法在恋爱时装出一点点高冷的样子。我会把家里的巧克力全部吃掉，所以不能把巧克力留在家里。我不会玩拼字游戏。

1.＿＿＿＿＿＿＿＿＿＿＿＿＿＿＿＿＿＿＿＿＿＿＿＿＿＿＿

2.＿＿＿＿＿＿＿＿＿＿＿＿＿＿＿＿＿＿＿＿＿＿＿＿＿＿＿

3.＿＿＿＿＿＿＿＿＿＿＿＿＿＿＿＿＿＿＿＿＿＿＿＿＿＿＿

4.＿＿＿＿＿＿＿＿＿＿＿＿＿＿＿＿＿＿＿＿＿＿＿＿＿＿＿

5.＿＿＿＿＿＿＿＿＿＿＿＿＿＿＿＿＿＿＿＿＿＿＿＿＿＿＿

ICE CREAM
FOR
BREAKFAST

11
怪咖，为自己的爱好而骄傲吧

"快看我的迷你海豚手办！"一个孩子恳求地说道，脸上一副无忧无虑、无拘无束的样子。你知道吗？当一个孩子突然跟你讲起这些海豚的种类、大小和习性，脸上写满了喜爱和痴迷时，作为大人的我们难道会不理睬这位小小解说员？

没人在面对一个激情盎然的孩子时，不立马与他一同大开脑洞。与激情澎湃的人待在一起就让人倍感兴奋。无论你的爱好是什么，请自豪地接受和享受！

通过照顾那三个性格各异的孩子，我意识到我们必须按自己的标准来定义自己。对自己忠实，对自己所想要的忠实。

热情是会互相传染的。与众不同才能人生有趣。据我所知，小六喜欢背诵女团"混合甜心（Little Mix）"某首歌的歌词，而小九则会被我刚刚在"脸书"上读到的笑话逗得狂笑不止。她们从不隐藏自己，我也体会到了发现自己的新兴趣时，那种全身心的喜悦。

简而言之，成功最高的定义就是做最真实的自己。

如果不尊重最真实的自己，我们会做出糟糕的决定，而这些决定最终又会让我们感觉更加糟糕，继而做出更加平庸的人生选择。我们厌倦了平淡无奇的生活，用"大家都是这样，所以我们一定也会没事"这样的"常识"麻痹自我。不过，我们真的就一定会没事吗？难道这种低级痛苦就是所谓的成年人生活吗？

悲伤的成年人做出糟糕的决定，但这不是成年的意义。

成年人应该知道自己喜欢什么，不喜欢什么，并且更多地依据自己的喜好，尽可能地过好自己的生活。

是不是有点自我变革的感觉？我知道你会这么说："确实如此，我当然想多做自己喜欢的事情。但劳拉，现在不是时候。根本没有时间！"

如果放弃不喜欢的事物，我们能节省出多少时间？如果你一想到朝九晚五的办公室工作就感到恐惧，那就别去做这种职员工作。如果可以，辞掉现在的工作，选择兼职或弹性时间工作；如果不行，那就下决心从现在工作中找到乐趣，或者更换岗位，感受不同乐趣。讨厌动感单车，那就别去骑。作为替代，可以练普拉提或请私人教练指导健身，或者下载跑步 App，围着公园跑 10 公里。讨厌镂空皮鞋？那就把它扔进垃圾桶，穿回松糕鞋。你不必为一顿早午餐豪掷

40英镑，这笔钱每天都省下来说不定可以去读个硕士；也别因为自己是朋友中 Ins 上唯一一带着"未婚"标签的剩女，就随便对别人的求婚说"我愿意"。

放弃不喜欢的事物。

你可以单身，或者保持开放式关系。

你可以拥有六处房产，或者全部家当就是一个背包。

你可以设计景观建筑赚钱，或者通过高额融资谋利。

你可以要孩子，不要孩子也行。

你可以每天早上 6 点起床，或者每天睡到中午。

你可以喝气泡水，也可以喝白开水。

如果喜欢的话，你可以贴上一对带有流苏的乳贴，然后跳段扇子舞来开始自己新的一天。我很想知道让流苏在空中画圈的秘诀。

总之，放弃不喜欢的一切。

如果你有某个爱好——让你感觉良好，并且不会伤害到他人——请继续保持。我们应该全身心地投入到自己所爱的事物中去。这个世界需要更多激情。

孩子们勇于表达自我和喜好。塞巴斯蒂安可以按战斗力大小介绍所有精灵宝可梦（Pokémon）。艾玛拥有包括特别版在内的《保姆俱乐部》(The Baby-sitters Club) 系列全套小说及同名电视剧蓝光光碟和DVD。拉希德酷爱收集沙滩卵石，每次去海滩都要沿着海岸，至少要花三小时寻找最圆润可爱的卵石。

还记得上学时，我对我们班一起看过的一些希腊戏剧尤其着迷。之后，我发现我的两个"朋友"相互传字条，原来他俩对我的戏剧爱好很是困惑。不过，你得知道，我的朋友丹8岁时就一度迷恋流行摇滚乐队"查斯和戴夫"（Chas & Dave），还曾邮购过专辑和周边商品。

所以，勇敢绝对是表达个人喜好的最佳代名词，毕竟人一生之中做到忠于自我太不容易。要诚实地表达自己，首先得了解自己。不过，这需要时间和耐心，而且我们也会一次次地改变自己。了解自己的本质在于拥抱你所喜欢的，对不喜欢的别伪装。

以前我总担心要是太大声地（或者太开心地、兴奋地、热情地……）表达喜好，别人会认为我是笨蛋。不过，我脑子里想的却是："邻居们会怎么说？"是20世纪80年代家庭主妇才要担心的事情。所以每当我因紧张而略显愚笨时，就经常把这个脑中场景作为应对之策。

我喜欢花时间用各种App编辑手机里的照片。我在印度接受瑜伽教师培训时，有次对一位同学说了一句"如果是我，我等下会再加个F2柔光滤镜"。没想到这句不经意的话却成就了我和她延续一生的友谊。"你说的是VSCO？！"她尖叫道。当时没人知道她说的是某个App，但这已无关紧要。你的气场能够吸引同好，所以你必须坦承自己的所爱，否则就无法形成这种感应。直到现在，我们仍是很好的朋友。

总而言之，不要把时间浪费在那些让我们觉得自己不够好的人的身上。爱好让我们内心欢歌，但那些人却让我们闭嘴。

当一个孩子说出"你再也不是我最好的朋友了"，他的意思是"我在你身边感觉不舒服"。孩子会想，和你在一起如果没有那种上天登月的感觉，我才不会花什么时间与你为伍！每个人生活中都存在这样一些人，他们似乎总以哪怕最微不足道的方式对我们幸灾乐祸。我们要做的是谅其不幸，置之不理。

刚成年的那段时间里，我意识到自己不必和那个把我当成他大部分笑话的"点睛之笔"的朋友来往，那一刻我真正得到了解脱。不过去年，我还是遭到了对方的嫉妒和误解，不得不放弃了这段"友谊"。

在朋友圈里，我被认为是"那个怪咖"，一个谈论星座和宇宙以及"昨天的桃子很好吃"的家伙。尽管朋友们在某些方面能够理解我，但他们大多数时候并不懂我，但这已不重要。好朋友尊重我。这就是友谊。他们鼓励我变得更"怪"一点，因为这样我会感到快乐。（事实确实如此。）

就像我们为孩子买恐龙书和有关古埃及的DVD，带他们到机场俯瞰飞机跑道一样，我们喜欢听到他们的"大呼小叫"，喜欢看到他们入迷的可爱模样。

我们鼓励孩子成为小怪咖,那么为何我们自己不也怪咖一点呢?懂我们的人会因为我们的爱好而更爱我们,而不是讨厌我们。不过,要是他们真的讨厌呢?好吧,至少我们自己很开心。

ICE CREAM
FOR
BREAKFAST

12
我会告诉我的孩子，
并希望他们也能告诉自己孩子的一些事

这些话虽是说给孩子的，但是这种感觉就如同我在酒吧三杯黑比诺酒下肚后讲给朋友的一样：

我们不能把连续 20 年重复不变的生活称为人生，这样的"人生"被称为"等死"。

悔恨远比自律痛苦得多。所以现在就坐好，开始去做你说要做的事情。成就不凡的自己。

我们配得上自己的需求和欲望，值得去拥抱希望、许下愿望。我们的秘密定义了我们自己，所以拥抱自己的每一个部分，哪怕是缺陷，因为你的每一部分都是杰作。哪怕你忘了给妈妈打电话，哪怕你大部分工作时间都花在社交媒体上，哪怕有时你整个周末都不洗澡。这些都是你的一部分。

为了收获，你必须播种。你的努力程度直接关乎你的人生。

搞砸不是失败，不去尝试才是。

人生有两种选择：谋生或按自己意愿生活。朝圣的道路也许有 87987079 条。喝酒。舞蹈。冥想。性。宗教。瑜伽。蹦极。人们都在尝试高于自己的存在方式，只不过是以不同的方式来实现。

其实，我们想要的与我们害怕的之间的距离，不过小拇指般大小，而这正是人生的一大乐趣。

当你贪图享受和安乐，也就放弃了让自己变得更好的可能。

你所有想法的总和就是你自己。就如同每天早上选衣服和在酒吧选啤酒，请仔细、慎重、有目标地树立自己的观点。

我们是讲给自己的故事。大多数情况下，我们认为没有人像自己一样受过伤。但事实却是，大家以前都曾受过伤。生而为人就是如此。

我们的生活，别人不懂，没有关系。为此庆祝吧。从此不必再征得别人同意才能去实现自己的梦想。荣耀之路，自己开拓。

如果你不能全心全意地做自己，你会感觉若有所失。亲爱的，你必须成为自己最忠实的粉丝。

生活的意义在于快乐。千真万确。"生活本苦"就是一句我们笃信但又最扯的鬼话。

如果你无法学会恳求别人，那也不必假装。败于自己的命运总强过在他人的命运中小成。

我们渴望爱。所以，停下"漫不经心的约会，再说一句'我其实没那么喜欢你'"的蠢把戏吧。为爱而生，为希望而活吧。承认吧，我们的每一个部分都渴望被那个特别的人看到。

那些有"意义"的，与你内心渴望的往往是两码事。跟随自己的内心。

被错误的人包围比一个人孤单更让人孤独。

没有人真的会保守秘密。如果你学会倾听，人们会告诉你想知道的一切。

无论多么虚假的建议，你的潜意识都会接受。不断自我审视，注意那些自我灌输的谎言。

有时候我们必须打破现状，才能获得构建未来的可能。我们认为绊脚石使我们摔倒，但它往往不是障碍，而是跳板。

跟着感觉而非事实走下去。直觉会给你指引。

灵感易逝。现在想做，马上动手。

奇幻作家托尔金曾说："**一步一步，行者致远。**"

你不需要为了变得"有趣"而折磨自己。

一次做一件事，做好这一件事。要么首个完成，要么做到最好，要么与众不同，方能脱颖而出。

学会选择。

信心会自我延续。为自己树立一些信心吧，慢慢地你也会越来越自信。

无论好坏，短期内，没有人会注意。长远看，所有人会留心。

永远不要抱怨,永远不要解释。做自己。

作为人类,我们受理性、爱与认可这三种基本情感所支配。衡量自己对任何事物所附加的情感,从而轻松十倍地控制对某一事物的期望。

有趣的是,**越勇于尝试,越容易收获好运**。

毫无疑问，
生活就是个浑蛋。
他爱管闲事，
图谋不轨，
背后捅刀，
他举你起来，
只为摔你下来。
这就是生活。
举起，摔下；
再举起，再摔下。
生活总是风雨兼程，
但风雨过后，
总会遇见彩虹。

ICE CREAM
FOR
BREAKFAST

13
即兴人生

孩子们喜欢事情"搞砸",而此时大人们只得不按计划,即兴发挥。当公交改了路线,你把手机拿给孩子们,让他们"弄清楚"你们一家人该如何回家;当你今天决定,他们可以翘过游泳课并且可以去喝奶昔;当今天突然变成"睡衣星期六",你可以整个上午都不出门。偶尔舒舒服服地待着什么也不做的感觉真爽。

孩子们喜欢有"安排",但更乐于安排被打乱,因为他们知道这个时候一切皆有可能,而这也是他们问个没完的原因。"为什么这辆公交停了?我们会换别的公交吗?换的那辆公交也会坏吗?要是换的那辆公交没有来怎么办?如果我们坐上那辆公交后也坏了怎么办?"

不过,一旦知道换辆公交不会世界末日之后(我们总是坚持跟他们保证不会世界末日，不是吗？但我们似乎从来不对自己这么承诺……），孩子们就会说："好呀，真棒，那我们就换一辆！"接下来便开启了一段兴奋之旅。

假如我们如同孩子一样，尽管诸事不顺，但也体会其中的快乐？假如我们能一笑而过？在解决问题时或者在未知中找寻乐趣？

如果我们相信一切都会好起来呢？

当我们忘带钥匙，不得不在家附近的咖啡馆等待室友拿着备用钥匙回家，结果却发现这个咖啡馆的浓缩咖啡真的比常去的那家更好喝。

当大项目的截止日期推迟一周，我们突然多出七天提交期，于是我们在其中某天去了新的瑜伽教室试课，结果发现那里的瑜伽要高级得多。

商店卖光了纸装椰奶，所以我们只能购买罐装椰奶，却发现罐装椰奶调配出的泰式青咖喱味道更香浓。

当我们弯腰去拉靴子的拉链，却把裤子给崩开了，而不得不穿上之前认为不适合的裙子时，却发现裙子竟然出奇地合身。

那些最美的浪漫故事都是以"那天我原本不会去那里……"或者"真是太奇怪了，就因为我迟到了一个小时……"开场。爱情总在我们最不经意间发生，如同一次冒险。

我曾把即兴反应作为一种戏剧演技研究过一段时间，结果正如喜剧秀《周六夜现场》(*Saturday Night Live*)的演员们所言：想要人生更加美好，那就在现实生活中应用即兴原则，即"好的，那么……"原则。

当你在（人生）舞台上表现拙劣，假若此时有人为接下来的情节提供另外一种可能，作为即兴演员的你要做的就是说出那句"好的，那么……"，之后再为故事加入你自己的动作。如果你身处某个场景，和你对戏的演员表示他们手中有香蕉造型的水枪，但射出来的是狗便便，你就必须说："好的，是啊……闻起来就像彩虹！"不过，如果你一副"他已经发疯了"的表情看着你的同事，耸着肩说道："没有，你什么都没拿。你到底在说什么？"那么这个桥段就算彻底完了。即兴之所以奏效，就在于大家都认同这样一个事实：没有人知道接下来会发生什么，但每个人都会在剧情展开后做出反应。

延伸到生活中，这即是对生活的完美隐喻，我不知道还有什么比这个隐喻更贴切的。

"公交坏了！"

"好的，那么……我们换一辆！出发！"

我非常喜欢"好的，那么……"，甚至于我还把"好的"这个词文在了身上。读完丹尼·华莱士（Danny Wallace）的《好好先生》（*Yes Man*）后，我开始有些止不住地说"好的""同意"（均是小说中的台词）。事情顺其自然，好运就会发生。如果你对那些让你害怕但又是你应得的机会说"好的"，它们就会帮你实现你本该拥有的梦想。坚持信仰之所以如此艰难，在于信仰很少明确地显现，证明你所信仰的东西真的存在。但是，信仰在于信任，你现在应该知道我这本书的重点：要尽可能地相信自己，为自己惊叹。相信自己，善待他人。

另外一个有意思的事情是，人们如何看待自己可以有所计划。比如，人们惊人的想象力甚至可能拥有改变宇宙的魔力，但我们却非常看不起这种想法。

孩子们不认为自己可以谋划真正的大事。孩子知道机会是无限的，但他们不会一开始就详尽描述接下来的整个故事，因为这样做本来就存在诸多局限。小六想在后花园里办一个小兔子养殖场，但如果她知道具体该怎么做，那就见鬼了。但在她的想象中，一切都是如此真实，她清楚养殖场的外观、感觉和声音，能够体验拥有养兔场的奇妙感觉。

如果想要摘去畏惧的"眼罩"，让生命展翅飞翔，我们要做的就是不再去限定人生的无限可能。生命展翅，敬畏人生的伟大。少点限定，多点体验。口中说出"好的，那么……"，心中坚信"无论如何，我们都会好起来的"。

（即兴人生让人害怕，但也没什么大不了。）

（我们会习惯。）

（就把它当作一次冒险吧！）

ICE CREAM
FOR
BREAKFAST

14
冒险的意义

冒险：名词，形容词，指进入未知领域或自己开辟道路。通常情况下，"冒险"具有以下各种可能性：新体验（32%），走出舒适区（12%），自发性（23%），恐惧（18%）又兴奋（41%）；需要数学技能（–6%）。

冒险可能是银幕中离家千里的长途跋涉。

冒险更有可能是内心一瞬间爆发的一场剧烈而无形的交战。

这些都是冒险。

不是每条道路都必须通往某个目的地。人们也不总是需要知道自己要去哪里或者人生该去往何方。事情出错后的即兴人生是探索生活的一种方式，但如果我们一开始没有制订计划呢？或者换个更加好听的说法：要是我们的计划就是没有计划呢？是不是可以称之为冒险？

当然，我们必须认清真冒险与假"冒险"。希望凭借心中的知识和一张文凭就给人做手术与从医学院毕业后成为执照外科医生完全是两码事。无独有偶，如果你只是中指盘绕食指地祈求哪天能存够买房钱，但实际却把所有收入用于买鞋和昂贵的法国奶酪，那么好运永远都无法降临。不过，如果你在路的尽头左转，而不是自己习惯的右转呢？你总是做习惯做的事情，你得到的也永远是那些司空见惯的结果。

如果有所不同，结果会是怎样？

美国前第一夫人埃莉诺·罗斯福（Eleanor Roosevelt）曾说："人生的目的不仅仅在于生活，而是要尽可能地体验，热情而无畏地拥抱新奇而充实的人生。"简而言之，这是你的人生，由你做主。孩子，这个世界属于你。

我曾对小十一说："事情总是由难到易。"当时，我们好像正在谈论她的法语家庭作业，不过又似乎是在谈论在瑜伽垫上做某个倒立动作或者设置个人底线，又或者是关于我个人的酒量不超过三杯红酒。

总之，世上大多数事情总是由难到易。

我们害怕走出舒适区。第一天上学，第一次没戴游泳圈游泳，第一次理发，第一次在朋友家过夜，第一次参加钢琴考试，第一次吃牡蛎，第一次接吻……所有的第一次。但是，每当我们走出舒适区一点，舒适区就扩大一点，这样也减轻了我们下次冒险时的压力。我们的舒适区越扩越大，直到冒险成为我们的第二天性。

我们天生倾向于熟悉的事物，毕竟这是人类作为生物的偏好——为了生存。但原始人类都能够不惧未知地离开故居，环游世界，为了找到新的食物来源和安全住所而穿越海洋，哪怕对新大陆一无所知……所以，你我起码可以尝试一个新的度假胜地吧。

还记得无论发生什么，我们都要做自己最好的朋友的承诺吗？无论新尝试产生什么新结果，重要的是你走出了舒适区——无论你是否成功，无论你何时成功，只要不断勇敢地尝试——亲爱的，这就是一个了不得的胜利。

而且，这些都是信号。

所有这些经验都会告诉你：自己是谁、自己对世界的看法以及未来的可能。

而你应该尽可能地拥有这些经验，寻求关于自己与世界的启示。

当你不断尝试，恐惧之余你也会感到兴奋，因为你在一步一步成就无比光彩照人的自己。

更棒的是与朋友一同体验新的正能量活动。所以无论是去街边新开的餐厅吃饭，还是到斯里兰卡骑大象，如果这些冒险的念头让人害怕的同时又让人兴奋，我们此时应该向孩子学习，一开始就抓稳彼此的手一起体验。就像在我带小六的头一天，她拉着我去玩秋千，她要我握住她的手的时候也让我更加勇敢。

与朋友、爱人、家人一同害怕是一种增进情感的体验。《时代周刊》（TIME）曾指出，任何新的体验都是好的体验，因为比起那些从不冒险的人，体验越多的人越有可能保持积极情绪。即使是与朋友一起放声大笑这样微小的快乐时光，也会延长自己个人的良好状态。科学证明，略有好奇而略有改变，会让人对自己及其生活更加乐观，即使再次回到自己熟悉的状态，也会保持这种乐观心态。

这真是非常炫酷的体验。

只有打破流水账般的日常才能更加留意时间的流逝。由于习惯于舒适的日常，我们的生活容易形同白日"梦游"。我本人就是如此：去同一家咖啡馆写作，每次去健身房都用同一部跑步机，早上9点打电话给老妈，下午6点打电话给老爸。当然，常规让人感到宽慰。比如，我每天给家人打电话只是因为那个时候我不知道该干吗，但神经学家大卫·伊格曼（David Eagleman）认为，对熟悉事物的依赖程度会影响到我们如何看待时间的流逝：对世界越熟悉，大脑写入的信息就越少，时间似乎就过得越快。

这就是为什么我们感觉年纪越来越大，时间也过得越来越快。这就是为什么记忆里童年的夏天总是长日漫漫，而长大后的夏天却转瞬即逝。因为当时的一切都是崭新的，而现在没有什么新鲜可言。

让我们像孩子一样，为每天的生活添加一些别样色彩。婴儿不知道楼梯的上头会是什么，但他们就是一个劲地往上爬。看！家里的新楼梯，又可以让爸爸妈妈担心啦！哦！瞧那儿！这个插座应该没有防婴儿触碰！我去摸一下！

让我们保持感官敏锐。冒险有时并非偶然，而是可以人为掌控。

与给你递上咖啡的服务员交谈；在员工餐厅与新同事聊天；订一张剧院门票，就算不太能看懂，也可以放松精神。做人自相矛盾又何妨。

漫步教堂或寺庙；多学一点知识；订一张机票，去往那个从年初开始就不断在网上搜索的地方；带朋友参加一次速配之夜；和鲨鱼一起游泳；邀请女孩约会。

害怕。

深呼吸。

去冒险。

……生活永远值得一试。

停下片刻，想想对于当前阅读的内容，自己有什么感想？你的直觉是什么？是什么让你害怕，而不敢承认自己无比渴望了解、探索、求知？把你脑海中此时出现的任何想法都写下来，哪怕不是一个完整的句子。

写下来。用文字找回勇气。

ICE CREAM
FOR
BREAKFAST

15
你的处境没你想象的那么糟。
所以亲爱的，请冷静下来

我们的表现一般比自己想象的要好得多，然而却持续自我否定："我运动不够——我是一头又懒又胖的肥猪。""为什么她没有回我短信？""我肯定惹他心烦了。""我永远不会升职。""好运不会降临在我这样的人身上。"

自我怀疑。

反复猜测。

忧心忡忡。

无论是生活、爱情，还是学习，我们都非常努力，但却感觉没有什么进展。随之而来的就是挫败感。

听着，这不是失败，这只是生活。我们自认为需要奖章鼓励，来为我们的生活打个高分。我们像孩子一样习惯被不断夸赞。但在成年后，没人称赞的我们会若有所失，感觉似乎是自己做"错了"，甚至认为自己需要一个解决方案、一个"修复"方法，或者做全新的"自己"，这样一切才会变好……但结果往往事与愿违。事实上，我们并不需要什么。我们已经具备所需的一切。

很多年来，我总是相信自己可以变得"更好"：当我最终收获甜蜜而忠贞的爱情；当我的名字出现在"《泰晤士报》畅销书排行榜"（*The Times* Bestseller List）上；当我个人健康保持在最佳状态，体重不再如同一条裤腿长短不一的牛仔裤，每天变戏法般上下波动。

然而，之后我就遭遇了职业倦怠，被诊断出患有焦虑和抑郁，需要别人帮助才能寻找出路。那种糟糕透顶的感觉压得我喘不过气来，根本不知道该如何改善现状。正是这种倦怠感，让我以为自己彻底完蛋了。

尼采写道，思想家把自己的行为视为实验和问题，所以成功或失败只不过是前两者的结果和答案。

关键在于我们要明白"搞砸"不是失败，没了某些东西，比如爱情、地位或内心的平静，并不会让我们"完蛋"。

世事变迁，人生无常，但这都不是最终的结局。

成年人似乎永远不会专注过程，而是只看结果。成年人把成功定义为取得可量化的结果（比如无名指上的戒指、作品出版或意大利南部的避暑别墅），但生活真的无法量化。

你无法度量幸福与爱，也无法量化自己的满足程度或其他重要的东西。

我们告诉孩子重在参与。参加科技展,哪怕没有获奖;加入篮球队,哪怕比赛失利;去恋爱,哪怕心碎。但这一切都有意义。我们希望他们去体验这些经历,好让他们了解尝试和失望的感觉,知道团队合作重于奖杯,明白一句"我不爱你"不会判人死刑。我们希望孩子身心强大,更能抗压和更有韧性。

如同各种经历对于孩子至关重要,你的生活本身就是一场正在进行的冒险,同样意义非凡。

明白?好的。

失败不是成功的对立面。

成功不是只要努力就有结果,就像1+1总是等于2。这样真是乏味!开始谋划实习,之后工作入门,再得到晋升,最后坐上"受人尊重"的高位,同样令人乏味。

成功也不是银行里的存款或名片上的头衔。

成功同样不是粉丝数、点击量、拥有很多衣服或一系列颜色很搭的坐垫。

成功不在于考试得高分!真的!

"宝贝,你考了6分?太棒了!"我们表扬西奥多和雷恩。两个小家伙参加了考试并尽力而为。她们没有因为没拿满分就不再参加拼写测试。所以,只要尝试,尽力而为,就会得到掌声。

拼尽全力,就已足够。

你有没有尝试过即兴?其实,成功的定义就是一种即兴:无论生活如何变化，我们依然勇敢面对："太棒了！好的！接下来……"就像西奥多和雷恩一样继续参加考试。

丘吉尔曾说，成功就是一次次跌倒之后又跌倒，但却永不丧失热情。我想补充一句：只要能继续努力，就没有"失败"。即使山穷水尽，悲伤欲绝，只要鼓起勇气站起来，迈出一小步，继续走下去——这就是胜利。我本人的胜利就是曾经很长一段时间退出"写作职业生涯"，以便学习如何再次好好呼吸，感受生活。开始我很担心人们的想法。毕竟我现在是位保姆，编辑们不会再邀我写作。但是，那些编辑知道我正过着最美好的生活，一旦我感觉好些后，再次工作时会效率更高，不用再提醒我截稿日期。

每个人都有自己的特质。当你为了获取生而为人的权利而一往无前时，请停下来一分钟。无论这一分钟感觉是好是坏或者不合时宜，这一刻就是成功。

一切皆有意义。

一切皆有意义。

一切皆有意义。

成功不是去叠加我们认为"值得"赞美的事物，而在于积累经历，仅此而已。成功是参加下次科技展，参加下一届篮球赛，心碎后的重新约会。但是，天啊，我们什么时候才会转变对成功的观念呢？18岁？21岁？还是30岁？不过，有时候很简单，只要做到毫无保留就行。毫无保留意味着我们已在努力尝试的道路上倾尽全力。

倾尽全力的我们是自己的超级英雄。

感恩和善良。自我调节和幽默。对美丽、智慧和正直、公民精神和公平的热情和欣赏。社交情商。坚持不懈和具有同理心。拥有这些品质就意味着成功。因为这些就是人性，是过好生活所需的思维方式。这些难道不是我们希望人世间所有婴儿长大后都能具有的价值观吗？我们也不要忘记它们对于成年人的重要性。虽然我们已经长大，但仍然"能成为最好的自己"。

你做得很棒。

> 你做得已经足够好。无改变自己。无须刻意改变当前的做事方式，或为了被另眼相待而去扮演不同的自己。你所有的一切都刚刚好。你小腿肚的曲线和前额翘起的头发。你的笑声和你的笔迹。你的痛苦。你的需求。你的所爱。
>
> **你已是完美的一切。**

所以，深呼吸，不要再找借口为难自己，或者在你向自己和他人讲述的故事中，添加一个"自己将在某天成为某人"的注脚。

那一天不会到来。因为你所拥有的只是现在。所以，为了所有真正爱你的人，请站在镜子前面，看着自己的眼睛大声说：我拥有爱！

爱我的人爱我，是因为我就是我、我可爱的瑕疵以及我的一切。我们总在周而复始地自动评判自己，自己的每个动作、决定和行为。大脑是一台组织有序、运行良好的机器，记录着我们所做的一切。因此，如果想要拥有源自爱和自我接纳的快乐，我们必须每次都有意识地告诉大脑如何记录刚刚发生的事情。所以请告诉你的大脑：无论记录了什么，我仍然喜欢自己。

我说错话了，但我仍然喜欢自己。

我去参加晚宴但忘了带礼物，但我仍然喜欢自己。

他觉得我们的爱情没有未来，但我仍然喜欢自己。

知道自己被爱而爱自己的人是勇敢的。勇敢的你会为自己感到自豪，没人能阻拦你去实现梦想。加油！成为自己的拥护者是你所能做出的最自由、最有力量的选择。

就这样，梦想成为目标。

"某天"变成"现在"。

你开始专注。

之后，正如我老爸所说的"把小便煮干，看看剩下什么"，你开始真正探索生活。

此外，成功也在于如何道歉，记住别人的生日，说谢谢。成功是语言技巧，说服部门经理加班帮你完成一个自己无法驾驭的项目。成功还是寻求帮助（接下来我会谈到这点，因为我清楚寻求别人帮助真的很难）。如果你偏离轨道，那么成功就是返回正轨。

无论是与人渣发生关系、失去晋升机会、分数不高，还是跑到地球另一端后才意识到自己最喜欢的还是家乡，我们不要因为遭遇了诸如此类的境遇，就认为自己彻底完蛋了。尽管感觉的确如此，但那种感觉不是事实。你已具备应对这些问题的力量。

我们如何对待自己，别人就如何对待我们。如果我们为自己的身份道歉，让自己渺小以免被看见，世界也将以如此回应。我们会被告知做得还不够好，毕竟连自己都这么说。所以，大声说出自己的想法，好事才会降临。

孩子会提出自己的要求，而且不会为自己的所求而道歉。如果无法得到，他们就会想要别的。根本就不存在什么"失败"。

"失败"往往伴随着责怪。"都怪×××，所以我得不到想要的东西。"但生活就是这样，"失败"也是如此。所以，请继续一往无前地努力，努力，再努力。一切皆有意义。一切皆有意义。一切皆有意义。

ICE CREAM
FOR
BREAKFAST

16
寻求帮助

现在我们来讲寻求帮助。

复杂代数；透视构图；坐在早餐凳上并使凳子保持纹丝不动；绑个马尾辫；知道爷爷刚才含混不清地说了什么以及他想拿什么东西。当孩子无法做到这些事时，他们不会装模作样，担心如果要寻别人帮助，会有损自己自立自强的名誉。

孩子不会为需要别人帮助而感到恐慌，因为他们不觉得这是一件坏事。(正如我们之前说的，有需求对我们成年人来说也不是什么坏事。有需求，很正常！) 就像喜欢研究订书机工作原理的孩子，他不在乎订书机的订书功能远比订书过程更重要，而且坚持要你分享你的理解。

或者，孩子会把这个任务外包，让你为他搞清原理。不过，有时候他只是想要把那些该死的文件订在一起而已。

寻求帮助时最关键的一点就是，当你提出请求时，没人会看低你。但你会害怕，不是吗？害怕承认自己不知道怎么办，而被别人"看低"。

特别是英国人，他们认为接受帮助就是给他人带来不便。但事实上，人们乐意提供帮助，为自己喜欢的人做了一件好事感觉真的很不错。

寻求帮助时，记住以下事项：

- 仔细选择求助对象，诚实相告。如果他们确实是你认为的那种人，他们就会支持你。
- 以自己最信赖的人为对象，练习求助，并逐步学会向不熟悉的"专家"求助。
- 把求助过程当成一次实验，有助于降低求助的恐惧感。
- 所有人都会向他人求助。
- 寻求帮助不会让你变弱，而是让你更强。
- 让别人帮助自己其实也是一份给予对方的"礼物"。人们喜欢挑战。想一下如果别人向你求助，你会如何反应。人们其实很想帮助你。
- 像对待向你求助的朋友一样对待自己。己所不欲，勿施于人。
- 巧妇难为无米之炊。想帮助别人，首先要照顾好自己。

现在让我们开启一场互助革命，就如同交换圣诞礼物，既要接受，也要给予。

首先，帮助别人，感受这种助人的感觉。助人就要真心实意，尤其是对喜欢空摆姿态的英国人。别做浑蛋。提供帮助的最佳方式是"应该如何帮助他（她）实现目标？"而不是"我能为你做点什么？"。帮助时少点"个人照顾"因素，求助者才会减少个人依赖。

求助时，描述实际问题而非情绪，这样对方可以有效地对问题给出更有深度的反馈。在向别人求助之前先帮助别人，可以让自己更加熟悉那种"一人有难，八方支援"的感觉，即使并非自己真的"有难"。

当人们为你提供帮助时，我们要明白，别人帮助一次就已足够。是你需要帮助，而别人没有义务继续跟进，这是你的责任。所以，如果你真的要在周一早上请吉尔帮忙把你的车开到加油站，你应该给她留张字条："我们7点半加油站见，谢谢。"但是之后，无论是她答应此事，还是你自己开车，吉尔都没有义务继续跟进。

如今，寻求别人帮助的最好方式就是给对方安排具体任务。比如，一个孩子莫名其妙地要裁剪11000个纸片雪花，他绝不会在你问他"宝贝，我能帮你做点什么"之后，随意地指向一把剪刀。他会停下手中的活，再告诉你具体应该干吗——在雪花底角剪开一个小口，然后在上面再剪一个更小的口。他会教你如何剪开，等你做好后向你致谢。你会感觉很棒，因为你知道自己完全按他要求的做了。作为"剪开两个小口"的人，你出色地完成了孩子分配的任务。

不过有时，我们做得如此出色，向世界展示了我们有多么能干，以至于人们早早就不再向我们提供帮助了。或者说，是我们一开始就把别人的好意拒之门外，而且是自豪地拒绝。所以当我们想要求助别人时，往往会感到很羞耻（比如我第一次给我妈打电话求助：妈，我完了，彻底完蛋了。我很害怕，我需要帮助）。我们已然忘记了该如何组织求助语言，更不用说还要大声说出来。

如今我们惊叹于"相互帮助"，觉得它似乎是想象出来的概念，或是因承受巨大压力而产生的幻觉。但不要忘了，相互帮助真的存在。

希望此刻能给你提醒——人人都可以寻求帮助。

你可以对外求助。

你可以说"我不知道怎么办"，或者"我做不到"，甚至"我完全做不了"。

说出这些话无伤大碍。

"求助"不是一个糟糕的词汇。

写下可以帮助到你的事物以及你可以求助的对象。

可以帮助我的 **物品**	可以帮助我的 **人**

ICE CREAM
FOR
BREAKFAST

17
相信自己

孩子不知道什么叫作限制。对他们来说,一切都是机会无限。说出"我需要你"但对方尴尬沉默,这种悔恨的苦涩他们没有品尝过。人们不会跟婴儿说"你天生不是学数学的料"或者"只有0.01%的体操运动员才能登上奥运舞台"。少年不清楚信用卡违约意味着什么,少女也不知道忘记为经期做准备,届时会有多痛苦。成年的我们时刻铭记由亲身经历得来的负面经验,告诫自己种种的不可能。但是,假如我们有意忘记这些负面经验,再去工作和生活呢?倘若我们能像无所畏惧的孩子一样,是"白纸一张"呢?是否人生就有别的可能?

听着,在我看来,要在生活中做到这一点,无非有两种方式。

别人的方式和你的方式。

别人的方式早已经过各种尝试和检验，是安全的且能看到相应的结果。因为早已百试不厌、显而易见，所以别人的方式简单易学，可见易懂。人们喜欢你按照他们的方式行事，得到的结果刚好可以验证他们的决定，确保他们是正确的。所以他们会鼓励你：嘿！过来吧！水温刚刚好！

然而，"刚刚好"对你来说还不够好。

相信自己对自己的了解。足智多谋的你能够超越常规。所以，告诉自己：无论我做什么，我都会爱自己。明白吗？

不过，你的方式存在不确定性。没人尝试过，所以陌生，而人们讨厌不熟悉。一直以来，我们所受的教育就是无法承受赌注就不要去赌博，而尝试那些不熟悉的事就如同赌博。

但我们乐于看到孩子尝试新事物、新实验，哪怕他们搞砸。因为我们知道他们以这种方式不断学习。孩子一步一步成长为他们应该成为的人，是我们举起他们的双手，让他们自己去解决问题。

所以，请你也举起自己的双手。

当你在大众面前按自己的方式生活，这种与众不同会迫使他们扪心自问早就成功回避的问题：

"这种程度就行了吗？"

"我快乐吗？"

"如果我不那么害怕，我会怎么做？"

如果你不那么害怕，你会怎么做？

你要做的就是别再等待别人的"绿灯"。别再等待别人给你开具

准许声明："世界特此准许你！你可以去做了！"

准许爱自己的身体；准许大声宣布自己擅长的；准许（如何）去爱你所爱；准许多做这个少做那个；准许自己安排行程；准许自己掌控计划；准许说"**谢谢，但我另有打算**"。亲爱的，这些准许永远等不来。

准许是自己给予自己的。无论是准许疑问，准许探索，准许梦想，还是准许童真。

孩子总是不断地自我准许。他们全力以赴地用乐高打造建筑，拒绝拆除任何部分，因为这是"艺术"。他们想知道飞机的飞行原理、残疾的定义，他们想把零花钱捐给街角的乞讨者，毕竟这是做好事，而且家里还存了不少。

如果你需要额外的动力，请把本书作为自我准许的小贴士。你把它从书架上拿起，看到它的封面，知道它的思想，你脑中会传来一个小小的声音："是啊，我赞同她的说法。"

人的上限取决于自身意愿，但大多数人不愿挖掘这种潜力。我们让自己保持渺小，隐瞒自己能超越平凡的真相，不愿施展自己的真正实力。

让我们活得伟大吧，怀着孩子般的热情和天真："我爱妈妈，我爱爸爸，我爱自己。"

增加自信的一些方法

守护好你敞开的心扉——你所创造的一切都来自它。保护好你的心,它是宝藏。

我们不让孩子在上学前看电视,限制他们在网上观看的节目;筛选他们阅读的书籍,警惕他们结交的伙伴。

所以,也请留心影响你的事物。不要盲目接受垃圾信息。有意寻找能够激励自己的内容、体验和朋友。

了解自己为什么而生活——
问问自己的生活目标。
自己如何实现这个目标?

每天早上醒来,每天晚上睡前,想象最有成就、最为快乐的自己。呼吸"你"自己的感觉,想象"你"自己的模样。让想象驱动大脑,在不经意间实现愿望。

不断听到别人说"不",不会把你怎么样。
总是听到别人说"是",可能这个想法并无价值。

ICE CREAM
FOR
BREAKFAST

因为害怕而不敢承认的梦想：

ICE CREAM
FOR
BREAKFAST

18
学会放弃

孩子不会出于某种顽固的自豪而执着于某些事物或方法。如果这些事物或方法不起作用，他们就会放弃！

他们会向前看！

他们不会执着于这些念头！

自由自在，并不在乎什么是"放弃"。

如果在生物测验中不会做第六题，他们就空着，去做下一个；如果用生日时收到的乐高建造不了泰姬陵（Taj Mahal），他们就把一堆积木混拼，然后称之为"天堂里人人都拥有一只小狗的自由公主塔"。

如果孩子不玩娃娃而开始看书，或者厌倦了大富翁游戏，而开始玩"小狗与礼帽"的过家家游戏，放弃没用的东西不会让你"失败",因为没有所谓的"失败",还记得吗?

无论是你正在苦读的一本书,还是令你不满的理发师、婚姻、友谊或项目,甚至是一杯茶,如果这些人或物真的无法和你合拍,那你就不必与之继续。

有时,放弃是一种勇气,而这种勇气往往有助于让人们提升自己,从此不必与某些人与物在这个早上、这一周、这一月或这一年再继续共处下去。所以请停下,放弃。

这本书(或者你的一生)不在于要你对自身存在一直伪装出童真般的热情,以至于久而久之演变成某种所谓"现实"。需要假装的是你对生活的热情,直到你真正热爱生活。

这本书(你的一生)在于接受自身现实,哪怕有时真相令人厌倦。还记得我们之前谈到的吗?关于休息的?对,厌倦时,休息一下。

当我们陷入生活的泥潭,有时最好的办法就是不再继续前行。

而站在原地。

一个人的进步不总是向前冲冲冲,也可以是评估与回顾,对自我、对所得、对自己如今走到这一步的反思。

如果我们总是无法得到最想要的,也许它不适合我们。这种不适合或许不是永远,只是现在。有时我们想要一只蝴蝶,但只有先停止追逐,它才会轻盈安静地落在我们的肩头。

我们必须学会吸气与呼气,如同寻求与放手。

(我真想把这句话文在我的眼皮上。)

有时我们必须借助伤害、不满或不安——仔细听它们的声音，从而决定下一步的打算。停止或放弃某人某物一段时间，可以缓解这些负面感受，有助于找出让自己感觉良好的事物，避免无谓冒险，不然我们总以为忙碌就是美德。在停下一分钟之后，我们会意识到什么才是真实、健康、可以依赖的感觉。沉默中的我们更能听清那个指引自己的声音。

作家努尔·设拉子（Noor Shirazie）曾说过，如果经历过严冬的花可以开放，那么你也可以。

她说得对。我们必须为幸福而奋斗，最好的人生不只是快乐，还在于完整。

这就意味着自己必须为之奋斗，知道什么可以改变，什么只能保持不变，并坦然接受差距和差异。

有时，放弃一些人与物，就是我们最大的胜利。

我们不必为洒出的牛奶哭泣。把它擦掉，继而忘记。放弃不是性格缺陷。亲爱的，放弃不总是那么糟糕。

如果没人评判我，我会逃避做：

-
-
-
-

工作中，爱情中，生活中，
当你不知道下一步
自己该如何是好，
那就先什么也不做。

稍微等待一点点时间。

那些不知道、不确定的，
时间久一点，
答案总会自己揭晓。

ICE CREAM
FOR
BREAKFAST

19
无法快进的害怕时刻

　　带着孩子们看《捉鬼敢死队》（*Ghostbusters*）的时候，我告诉害怕幽灵的小六："是有点吓人。每部电影都有吓人的桥段。如果你害怕了，就坐在我腿上，或者闭上眼，等我告诉你可以了，你再睁开。但我们不要跑开好吗？吓人的地方一会儿就没了。"

　　我之所以跟小六这么说，是因为我们无法快进生活中害怕的时刻。你只能坐着，直到这种恐惧感一点点退却。事实上，在《捉鬼敢死队》这样的喜剧电影中，惊悚过后紧接着是搞笑桥段。你只要安稳地一直坐着，好运就会到来。

　　生活也是一样。

　　当你感到害怕，处于几乎山穷水尽的至暗时刻，此时你要做的是好好倾听。

你需要倾听爱你的人、你尊重的人以及自己那颗慢慢跳动的心。

你要明白，尽管害怕时刻可能会持续得比想象中更久一些，但终将结束。

把你的恐惧写下，对其使用"那又如何？"法则。"我担心这本书永远不会出版。"那又如何？"如果这本书永远出版不了，那所有工作都是白费功夫。"那又如何？"如果所有这些都是徒劳一场，那就证明我根本没有天赋，而我人生的全部意义就在于成为一位才华横溢的作家。"好吧，这只是我本人的问题。由于写作的缘故，我自认为自己"特别"，所以一旦有人认为我不是好作家，我就会觉得自己不再特别。

每当面对这种情况，我就写下来，以白纸黑字的方式对待这种恐惧。我发现，如果把自我价值寄托于外来评价，我永远无法感到满足。

我必须摒弃自我设定，脱离原有思维方式，承认自己记得很多人的生日，知道哪种戈贡佐拉干奶酪最配无花果，能够模仿迷人的澳大利亚口音，而且非常擅长抖臀舞。这些才是重要的事情。因此，写作变成了我的快乐，是一段旅程，而非结果。我提醒自己，也以此提醒你，我们都有自我价值。

再次提醒：我们要做的是让自己感觉良好的事。

多做让自己感觉良好的事，少做其他的事。

你必须粉碎先入为主的观念和有关自己的执念、计划或者决定，让光透进来（如果这些观念、想法等不能满足你的话，那就完全放弃）。然后，全神贯注地在残骸中，从那些我们想要的碎片里，发现那些吸引目光的小小微光。

让我们目光聚焦于那一点点美丽微光，让自己相信这就是自我的价值与意义。

假装自己有重建自我的勇气，直到真正成为那个强大而不必假装的自己。

选择一个重点或者一个新的理由，清楚自己接下来无论如何重建，自我都会比之前更加强大。然而，重复一次、两次，哪怕1100万次。这样无休无止的自我重建会让你产生自己做得不对的错觉，但这就是人生。

感觉不适时，学着坚持一下，而不是选择快进，这样我们才能更加勇敢。现在回想起来，这也是我支撑自己当保姆的全部动力。如同孩子们向父母学习，我希望他们从我这里学到如何尽力照顾自己，自己的世界自己做主。

写下我的恐惧,并对它使用"那又如何?"法则

我害怕_____
是因为_____
这意味着_____
以及_____

我害怕_____
是因为_____
这意味着_____
以及_____

我害怕_____
是因为_____
这意味着_____
以及_____

我害怕_____
是因为_____
这意味着_____
以及_____

我害怕_____
是因为_____
这意味着_____
以及_____

成长不易。
永不停止。
永无尽头。
一切成长都是如此。
我们也是如此。

成长是一次狼狈
但美妙的旅行。
领悟旅行真谛，
才能旅途顺利。
旅行在于过程。
这就是人生。

ICE CREAM
FOR
BREAKFAST

20
不是一切都需要其他目的

不是所有事情都存在一个理由。

不是所有事情都需要一个目的。

小路易没有考虑建造沙堡会带来什么好处,也没有多想再加盖几个塔楼能有多少回报。他只想挖挖沙堆堆土。无论花费几个小时,只为看看这个沙堡!堆沙子的感觉真爽!

对孩子而言,没有目的一说。

一切的重点就在于事情本身。

活着就是活着。

暑假期间,身为保姆的我整天和她们待在一起。暑假一到,孩子们一下子没了家庭作业和游泳课,但每天还是得度过漫长的12小时。让她们有事可做成了我的新挑战。如同每位母亲或保姆一样,我很快发现让这些小朋友动起来的最佳方法其实很简单——做东西，比如做蛋糕、编舞蹈动作、采集花园里的树叶做艺术手工。即使是画个指甲，只要本着玩耍态度，再加一点有趣的口音，我们也能欢度好几个小时。

如果你想体验入迷的感觉，想要被自身生存焦虑之外的其他事物吸引，那就去制作，去创造。让自己沉浸在某种"只有我才能创造这个玩意"的乐趣之中。

其实我想说的就是尽情玩耍。

比如说，孩子们做的卧室家具镂花贴纸。老实说，我也可以花费几个下午的时间去勾勒床铺和橱柜的轮廓，然后小心地用不同颜色画出交叉阴影，再添加一些个人的细节。我根本不热衷艺术，但天哪，我真的喜欢自制镂花贴纸。整个过程如同冥想，当然更在于乐趣。

人类学家马修·帕里斯（Matthew Parris）讲述过一个发生在撒哈拉沙漠东南部的美丽故事。那是一个叫作阿杰尔的塔西利（Tassili n'Ajjer）、面积约3000平方公里的荒芜岩脉。但在几千年前，它还是一片植被茂盛的沃土，当地人在此打猎，居住在洞穴或岩石之下。每到晚上，他们就把自己的生活场景画在住所的石壁上。千百年后，帕里斯等科学家到此发现遗迹，了解到人们远古的生活方式。

当帕里斯和团队探访这些远古住所时，他们看到了布满岩壁的艺术品：长颈鹿、瞪羚，还有类似飞行员的人类。此外，他们还注意到岩壁上方有一圈红色的五个圆点。

之后，他们花了很长时间才弄清楚这些奇怪的红色虚线的意义：当你抬起手臂并尽量跳起，就可以触摸石壁的"天花板"，而红点就在那里。数千年前，那里的人们相互比赛，看谁能把指尖上的颜漆涂到岩壁的最高点。这些美丽的画作不仅记录了他们的生活，更是他们玩耍的生动写照。

在接受英国广播公司采访时，帕里斯表示，红点圆圈使他对这些数千年前的原始人类和他们所具有的玩性倍感亲切。玩性正是他们的人性——这让他的后背一阵发麻。

后背发麻的还有我。

亲爱的，你要学会消遣。

"我们不会因为变老而停止玩乐，而是因为停止了玩乐而变老。"

——萧伯纳

我曾用心去感受玩乐。如果是去户外漫无目的地散步，我会穿着一件保暖外套，耳机里大声放着音乐，要么跳上矮墙边走边保持平衡，要么在博物馆台阶扶手或公园音乐台栏杆上玩滑梯游戏。如果是在家，我愿意花几个小时给所有绿植浇水，并把它们摆放到房子的不同角落。玩乐时，你会解开往往难以释怀的心结。玩乐时，你将摆脱成年人线性式的问题解决的思维模式，找到更好的答案。

重新整理内衣抽屉。首先取出所有衣裤，再整齐放回。经常望望窗外。用手指在沙地里画笑脸。玩乐帮助我们重启 12 岁后很少激活的大脑部分。在游戏中，我们在脑中建立新的联系，让人开怀大笑，激发灵感，并以全新方式激活自我。

倦怠期间，首先消失的便是我的玩性，但我当时脾气太过暴躁，竟丝毫没有注意，直到开始做保姆时才察觉。那天，我与孩子们跟着手机大声外放的歌曲，一起在厨房里跳舞。"天啊"，后来每当我回想这个场景，只觉得"原来我好久都没做过这么有趣的事情"。

以下是我发现的一些让我冷静下来的玩乐方式：

- 漫无目的地闲逛，但清楚自己不会离家太远。
- 画画。我是一个糟糕画家，令人尴尬的那种。有时拿铅笔勾勾画画也是医生要求。但我不需要向任何人展示我的作品，画画只是一种感觉良好的体验。
- 做饭。说实话，我也不会做饭，但我非常擅长招待。我能极富创意地布置桌子，介绍来宾相互认识，引导对话。这不都是为了让生活更像艺术吗？只有有正确的（玩乐）态度，一切皆是艺术。
- 与动物玩耍。有时我会照顾朋友杰米的狗——一只骑士查理王小猎犬，大大的眼睛宛如茶碟。只要被带到公园入口，它就开始疯狂打转，因为它知道很快就可以玩追逐发声玩具的游戏。每当看着小狗奔跑的样子，我总会开怀大笑。当你看到这样一只黑毛褐纹、耳朵耷拉的小狗，边奔跑边绊倒着扑向一个网球时，你还会对这个世界愤怒抱怨吗？

哪些是你只是出于自己想做而去做的事？

比如，我想去户外，躺在毯子上，看看周围事物。我想拿根绳子逗邻居的猫。我想撕碎这瓶葡萄酒上的标签，然后拼接出各种傻傻的图片。我想亲吻。转圈。伸展四肢。

ICE CREAM
FOR
BREAKFAST

21
提问题

"为什么那个人只有一条腿?""为什么那个穿橙色衣服的人当总统是一件坏事?""为什么那位女士自言自语?""这个小宝宝是女孩还是男孩?"……

有时,我们过于礼貌而不去向别人提问或者对问题视而不见。比如,人们对于轮椅乘坐者态度冷漠,以至于让后者感觉自己就像动物园里的动物。但是,我们宁愿对这样的态度大惊小怪,也不愿意简单问候一句:"请问,我怎么做才能最好地帮到你?"大家都拒绝提问,导致所有人都尴尬地出尽洋相。

不过,孩子就会出其不意地直接问到大人闭口不谈的问题。你不能不回答他们的问题,否则他们就会从学校里那个叫黛比的女孩,或那个教他们说"他妈的"的人那里,甚至网络的黑暗角落中得到

"答案"。如果我们不回答孩子们的问题,他们长大后可能就会爱阅读不靠谱的《每日邮报》(*Daily Mail*)。

作为保姆,我常常得回答孩子们的问题。虽然一开始感觉不耐烦,但事实上正是通过这个不耐烦的问答过程,我才逐渐更加了解这个世界。伏尔泰(Voltaire)有句话说到了点子上:判断一个人,要通过他的提问,而不是他的回答。

我那个喜欢"查斯和戴夫"乐队的朋友丹是一名数学老师,同时兼修哲学。他有次告诉我,日本人过去常常用一种画有几何数学问题的匾额——"算额"来装饰寺庙。解决这些永恒的几何数学问题所带来的思维快感就像是冥想练习。这种非西方式的认识让他意识到我们身边还存在着可被发现的永恒。"这真是太美了。"丹说完,结束了这场"小讲座"。

我喜欢这种感觉——无尽的探索,最后得到解答。而这正是良好的对话给予我的感受——越发好奇、彼此联系、充满意义。

面对孩子的疑问,大人总是疲于解释。比如,为什么有时女孩可以穿"男孩"衣服,而男孩也可以穿"女孩"衣服。但究竟应该怎么去定义"女孩"和"男孩"?这个问题让我不再去查手机或者胡乱给出一个答复,而是真正去满足一个孩子的求知欲。提出好问题,一方面既能由浅入深地扩展知识,另一方面也能拉近自己与别人的关系。事实上,我一直跟孩子们说不存在"不好的问题",而且如果她们真的想了解什么,我保证永远不会笑话或批评她们。

所以,这也是男女约会(有时候)非常有趣的原因。正确的提问不但让你明白有些人不必再见,也让自己觉得略有所学。

在一次很棒的约会上,我试了试几年前很火的"恋爱36问"——就是你问一个可能发展关系的潜在恋爱对象一些问题。比如,**如果你可以挑选世界上任何人,你希望谁作为你的晚宴嘉宾?你想成名吗?在打电话之前,你会不会排练一下?对你来说,怎样才算是完美的一天?你上次唱歌给自己是什么时候?你是否有秘密预感自己会以何种方式死去?你最感激生活中的什么?**

这些提问教会了我如何更好地与人对话。如果提出的是"是或否"的问题,只会得到不完整的信息,但开放式问题却可以挖掘洞见。以"是谁""是什么""在哪里""何时""怎么办""为什么"开头的这几大问题会引导人们思考回复,并且通过追问"为什么你会这么说?"或"为什么你会这么认为?",我们更容易地探究这些回复。

扪心自问也是一种启示。向自己提出关于自我问题,常常让人茫然无措。

我口中那个爱我的男人能满足我的各种愿望吗?

我真的喜欢每年二月和朋友们一起去度假吗?

这份工作或许会让我大赚一笔,但我真的做出过什么贡献吗?

如果对于工作毫无贡献,自己是否有必要去在意?

这种蓝色涂料真的适合用在浴室吗?还是说因为已经花了200英镑请了装饰工,自己害怕浪费了钱,所以尴尬地说自己喜欢这种颜色?

我是否因空虚而暴饮暴食?

我是真的沉迷工作,还是因为害怕生孩子而转移注意力?

我真的喜欢孩子吗?

一旦提出这些疑问,你就会了解自己的价值观。一旦了解自己的价值观,你就不难做出很多决定:

关于自己的人生。

关于你与母亲的对话方式,或者老板如何对你。

关于自己忍无可忍的,或者自己无比渴望的事。

当你了解自己的价值观,你会为自己挺身而出,为自己骄傲,为自己的聪明喝彩,包容自己的缺陷。

我们都渴望得到如何才能生活幸福与爱情美满的神奇答案。但答案总是源于提问。提出问题之时,就是得到答案之日——因为答案意味着行动。

没有所谓错误的问题。只要是问题,都会解开了我们内心的某个枷锁。

写下不敢扪心自问的事

哪怕有点难为情,也在空白处写下自己害怕提问的事情。看看自己会怎么写,会有何感受。

ICE CREAM
FOR
BREAKFAST

22
反馈，并不可怕

说到提问，有类问题孩子们永远都会直接问你："你喜欢我的……吗？"有天早上，我刚到孩子们家，小九就蹦蹦跳跳地跑向我："劳拉！劳拉！劳拉！听听这首诗！"原来她想让我听她读自己写的一首关于"星期天早晨"的诗。天啊，我的内心唱起了歌。我不知道是因为这首诗写得太好，还是因为她自豪的模样，那天我哭了。

孩子们想要被认可，而你则需要给予他们认可。不过，如果孩子不喜欢你的反馈意见呢？他们聪明得很，首先花 5 秒钟时间"接受"意见，然后马上找到另外一个大人，再得到他们喜欢的反馈。

写作课上，我一直教导学生：你不等于你的作品。你的作品是艺术，不要牵涉个人问题。有时，你必须等表面"迷雾散尽"，才明白你的作品不是写给那些不喜欢你作品的人的。

　　总会有人喜欢你、你的作品和你的为人，但也总是有人不喜欢你。这就是为什么孩子会被聚会上某个特定的大人所吸引，或者在学校里被某个特定的老师所吸引。同样，婴儿要安抚时指定要这个大人而不是那个大人也令人费解。还记得社交媒体上很火的婴儿在美国总统集会上哭泣的视频吗？当时，没有人可以安抚那个宝宝，甚至前第一夫人米歇尔（Michelle LaVaughn Obama）也没有办法，但之后奥巴马（Barack Hussein Obama）过来抱她，她就马上不哭了，在场所有人都为此惊叹不已。

　　有时，与我们心灵相通的只能是与我们心灵相通的人，真是一个既简单又复杂的道理。

　　无论是与我们友好相处的人或者相处不洽的人，他们的反馈都很重要。反馈有助于我们成长，但其他人对你的评价，无论是好评，还是恶评，都不一定就是事实，因为这取决于自己是接受建设性批评或赞美，还是反驳恶评。这正是身为大人但又保持孩子心态的优势，选择自己所接受的意见。

　　伊丽莎白·吉尔伯特（Elizabeth Gilbert）曾在《奥普拉杂志》（*The Oprah Magazine*）上撰文并提出了四个问题，来判断"谁值得信任"。她说，有些浑蛋就是以"提建议"为借口来挖苦我们。众所周知，这些人会拿腔拿调地这么开场："说实话……"或者"我不是有意把话说得那么难听……"

　　"说实话，你根本不适合留刘海，对吧？嘿！你不是要我说实话吗?"

"我不是有意把话说得那么难听,但我认为你不适合做演员。你需要 B 计划。我之所以这么说,是因为我关心你。"

"听着,我也是为了你好,你和他不在同一个层次。他是成功人士,人生赢家!你应该考虑居家一点的,知道吗?"

我也遇到过一些拿"诚实"当幌子,而去做出恶意评价的浑蛋。吉尔伯特总结出了"谁能评论自己人生"的四个标准:

1. 我是否相信这个人的品位和判断?

2. 这个人明白我的创意吗?

3. 这个人真的希望我成功吗?

4. 这个人是否能够谨慎并富有同情心地跟我说明真相?

如果你给予反馈的对象像我或小九这样敏感,那么最后那个标准就尤其关键。如果你的评价可能会招致对方的反感,你至少需要表达出善意。

反馈对于学习如何与外部世界和自我良好互动至关重要。反馈无法避免,但只要怀着孩子般的童真态度,反馈也可以成为意想不到的收获,不过前提是自己要选择如何接受反馈。

世界上我最信任的人是：
_____
_____
_____

我不再和_____
分享自己的秘密。

ICE CREAM
FOR
BREAKFAST

23
怎么舒服怎么穿

无论你的舞会礼服多么闪闪发亮，你也不可能穿着这套礼服去攀上爬下。

孩子们穿衣服只在乎能不能方便他们去玩乐和冒险。就算当天碰巧穿着正式，为了玩乐和冒险，孩子们照样乱钻乱跑，就算最后衣服上挂满草渍，那也值得。

当你比周围所有人都要开心时，没人关心你穿了什么。内心的舒适源自身体的舒适，所以亲爱的，请穿松紧腰带裤和平底鞋。如果天冷了，就穿上外套。

不过，不要误解，我不是说外表不重要。我基本每天都风雨无阻地涂口红，因为红唇让我感觉良好。我也经常做手脚护理，在护肤上花费不少。毫无疑问，人们会做让自己感觉舒服的事，对我来说，就是拥有好皮肤和好指甲。

  同样，我必须穿着让自己舒服的衣裤。裤腰不能妨碍我好好吃饭，上衣也不用经常拉扯，不然一个疏忽就可能暴露侧胸。我有一件漂亮的驼色大衣，不但收获 Ins 点赞，而且广受路人好评，但穿着这件外套搭公交实在遭罪。让人觉得难为情的同时，一举一动又显得滑稽，因为它太容易擦出奇怪的磨痕。穿上那件外套的我感到无聊至极。我的注意力全在外套会挨上脏脏的墙壁，而完全不在意身边的人跟我说了什么。这不是傻吗？

  婚礼上，一个 5 岁小男孩穿了迷你版晚礼服，可爱的模样真是讨人喜欢。但悲哀的是，大人们告诉他不准跪在舞池里打滑，因为"你会搞坏衣服！"。我们不应该因为女孩穿了礼拜服就不准她们爬树，也不要每逢重要仪式就禁止小男孩进入舞池。

  凯特琳·莫兰（Caitlin Moran）在一篇专栏中写到有次她的女儿盛装下楼去参加派对，但这样着装与聚会完全背道而驰。但凯特琳却说："宝贝，你穿得看起来很舒服。"我明白她的意思。只有外表轻松自在，别人才能感受你的迷人与魅力。

  毕竟在调整首饰、领口或下摆时，我们很难开怀大笑、用心倾听或者诙谐应答。

  不过，我倒是认为舒适和时尚可以兼得，但我不是时尚博主，所以不要问我怎么做到。我只想说：舒适也很酷。当你感受内心的快乐时，你不必在乎外表是否华丽。

  人们都说孩子不会有所保留。女孩想周二就穿芭蕾舞裙，男孩则想每周都穿蜘蛛侠装，直到大小不再适合。我真是爱死这一点了。哪怕是最小的小六，她都超喜欢"季风童装"（Monsoon Kids）的单品芭蕾舞短裙或连体衣。这两个款式都是她的时尚爆款。

在厨房桌子上写作之前，我会涂上口红，这让我感觉到一种仪式感。还记得我们说过的仪式感吗？关于为一切赋予意义。所以，假如你有一条公主感十足的裙子，也许是为了某个场合，但择日不如撞日，就把今天定为自己的"公主日"吧。自己决定，有何不可？

如果你愿意，还可以穿上时尚的高跟鞋或夹克。

生命何其短暂，为何不去尝试？

穿衣需要态度。人靠衣装，不要人被衣掩。

当我有如下装扮时，我觉得这就是在"做自己"：
- 成套内衣
- 红色口红
- 定制西装上衣
- 纯色系，比如从头到脚同一颜色
- 有自信，有态度

你呢?
-
-
-
-
-

ICE CREAM
FOR
BREAKFAST

24
身体的快乐

我照顾的那些女孩子从来没对自己的身体有过什么抱怨。一次也没有。

第一次把小九带去公园时,我又一次被她感动到流泪(是的,又一次)。她对自己的身体及其机能怀着毫不掩饰的骄傲。一进公园,她就迫不及待地向我展示自己出色的爬杆技能:挂在栏杆上倒着做仰卧起坐,绕着杆子快速滑下,一个动作做完马上跳到下一个动作,让我惊奇肢体动作所带给人的童真乐趣。(而"童真"正意味着没有"大人限制",不是吗?)

慢慢地,我注意到她还喜欢练倒立和跳蹦床,对自己身体做出的一个个动作乐此不疲。

获得这种乐趣丝毫没有"我必须掌握这个动作,不然我就是一堆肥肉"的心理压力。每次侧翻跳后再展示平衡技巧都是在展现自己灵活的手臂和有力的大腿。

对小九来说，发现自己还能做到其他事情，或者超越自己，挑战更多可能，就会让她感到非常兴奋。

但在我认识的成年人里，没有哪个女人能够体验到这种兴奋。当然，我也知道大家都有101个理由（比如浏览了那些不应浏览的潮流网站）。在这个有意让我们对外表自我感觉不好，而去花钱"整理"的世界里，欣赏我们的肚子、大腿和下巴成了一种革命性行为，但前第一夫人米歇尔·奥巴马、阿黛尔（Adele）和碧昂丝（Beyoncé）这些大码女孩真的让我跃跃欲试。于是，我开始在Ins上贴出自己身穿漂亮内衣或偶尔赤身的照片，并附上#劳拉·简#的标签，让自己学会去喜欢身体原本的样子。作为四肢粗壮、小腹隆起的L码身材，每次自拍就仿佛一次宣告"我就是我"的小小革命。这种尝试对我帮助很大，我意识到自己身体不在于反映自我价值，而是作为一种容器。得益于自己与小九的相处，我把自己身体的照片传上网，作为自己勇敢的尝试。

此外，我还开始记录小九的饮食。和其他人孩子一样，她喜欢甜食，但从不大吃特吃。小九渴望牛奶、奶酪以及香肠、汉堡之类的蛋白质，但她显然不是在网上读了多少篇关于如何"控制食欲"或"谨慎饮食"的文章后，才知道要满足自己身体所需。她早就做到了。作为没有子女的成年人，我之前以为小孩子吃东西从不知节制，除非生病了。这是看《查理和巧克力工厂》（*Willy Wonka and the Chocolate Factory*）给我的感受。但事实恰恰相反，我照顾的女孩们都清楚自己什么时候已经吃饱了。

相反，哪怕我已经补充了一两次糖分，我还是可以吃掉一整盒巧克力饼干，因为我在工作时比平常更有食欲。担心她误解了我的笑话，我吃；收件箱堆满了邮件而倍感压力，我吃；还没给我哥准备生日礼物，我吃。担心、焦虑和过劳，我吃；吃，不仅是我奖励自己的方式，有时也是惩罚自己的方式。为了吃，我可以想出100个理由，但对于孩子们，她们的原因只有一个：饿了。那么不饿的时候呢？那就不吃了。世界上所有的果仁白巧克力都填补不了精神上的饥饿。

在很长一段时间里，抑郁症让我吃出了一圈厚厚的脂肪，不均地分布在下巴、手臂和腹部，那是我最胖且最不健康的时候。但我不介意，并且很高兴自己还能挣扎一下，再吃三块蛋糕也无妨。但与孩子们相处后，我打破了精神枷锁，尤其是想到小九，我就开始重新考虑锻炼。

我向自己承诺，不再把锻炼当作体重增加后的惩罚，或在Ins上说什么"汗水只是脂肪的眼泪"。再也不会。这只会让人无望且不快乐。相反，我会强迫自己去赞美我所能做到的。

迈上跑步机后，我发现原来自己比想象中能多跑几分钟。

我仍然可以像在瑜伽教师培训时那样伸展四肢。

我发现原来自己可以一周去健身房不止一次，而是两次，进而是三次。

每件小事都是一次胜利。但凡想到小九，我就把这些小事作为我所得到的恩赐，而非瑕疵，我觉得自己是身体的朋友和支持者，而非敌人。

我的身体，让我惊奇

我可以深蹲，因为我的腿比想象中更强壮。我的身体可以感受快乐。我的躯体能支撑大脑。我的手臂能抱起孩子。我的臀部能让我舒服地一直坐着写完了这本书。我的手指能让我一边吃着苹果或小柑橘，一边蘸罐子里的榛子巧克力酱。我的肚子除了可以消化食物，还能愉快地与别人的肚子发生碰撞。

正是因为我，我的身体才能完成这些"惊人"之举。

我强迫自己欣赏自身的每一个部分，而这个过程被我称之为"积善排恶"。

我第一次接触"积善排恶"得益于萨拉·威尔逊（Sarah Wilson）。她说，实现营养饮食的最佳方法就是尽可能多吃美味的蔬菜类食物，这样你的胃里就没有剩余空间再去容纳一汤匙浓稠的太妃酱，或者新鲜面包夹黄油。

其实，这也是一种身体自信。我必须尽可能多地正面思考自己体形大小和身体机能，这样大脑基本就不会产生对于自身的羞耻感或负面想法。

奇怪的是，我对自己越好，就越能欣赏自己的身体。

所以，请你写下自己身体能够达成的那些可爱而"惊人"的小小成就。越具体越好。如同小九一样，我们都应该尊重自己的身体。

ICE CREAM
FOR
BREAKFAST

25
"幸福"本是自然

孩子们能感受到幸福，因为他们每项需求都得到了满足：有人给他们洗澡喂饭，提供住所，安排计划。这还有什么不幸可言？

如果我们能够承认自己的基本需求并尽力去满足，那么我们自然也会感觉幸福。暂停一下，我们先来谈谈"幸福"的定义。因为，我不认为存在所谓的"幸福"。

在我看来，"幸福"就是一定程度的自我满足，所以我也更愿意称之为"满足感"。

那些最懂幸福的人明白幸福狡猾至极，把幸福抓得越紧，幸福越容易从指缝溜走。对我而言，幸福是一种安详的满足感，是并非一切都要"更高更快更强"，是理解一切皆有意义的顿悟。

或许我们可以从那些感到满足的孩子那里获得启示。比如，洗完热水澡后用毛茸茸的浴巾擦干身体，长舒一口气；美餐一顿后，满意地打饱嗝。如同父母知道和满足孩子的基本需求，我们也能了解和满足自己的基本需求。

我的一些基本需求包括：每天睡眠超过 8 小时，日常锻炼，每天给爸妈打电话（最好两个都打）。此外，我也希望写作时有一盏散发清香的烛光相伴，任何时候都一尘不染的房间，以及假期有出行安排，让我对摆脱日常有所期待。

以下这些可能是你的基本需求：

沉默

属于自己的时间

折算成"足够"工资的技能

向自己承诺一天结束后自饮一杯

向自己承诺一天结束后在床上躺成一个"大"字

橱柜里的绿茶

客厅里的鲜花

身体接触

阅读

参与工作项目

和最好的朋友约晚餐

狗狗的拥抱

干净的亚麻布

洗个热水澡

喝杯咖啡

我的 10 项基本需求：

1. _____
2. _____
3. _____
4. _____
5. _____
6. _____
7. _____
8. _____
9. _____
10. _____

你知道马斯洛需求层次（Maslow's Hierarchy of Needs）吗？搜索一下。简而言之，马斯洛需求层次说的是人类的需求呈金字塔状，只有先满足金字塔底层需求，才能在高层实现自我（或者按我的话说，就是"更厉害"的需求）。

金字塔底部是人类最基本的需求，即食物、饮水、睡眠和温暖。

对我而言，这些是最真实的基本需求。饥饿或睡眠不足，对我来说那种感觉仿佛世界末日。

那么，我们该如何尽可能满足这些最基本的需求呢？对于睡眠，我们就用之前谈过的睡觉冒险——早点上床，躺在柔软的床单上，有人有物可以依偎，让每晚睡觉都变成一次冒险。对于吃饭，自问什么食物最能补充能量，什么食物让自己心情愉悦？你吃什么，由你做主。不过，别因为了弥补别的缺陷而暴饮暴食。

值得注意的是，马斯洛认为性生活也是一项基本生理需求，所以你绝对有权决定以此释放压力，以应对下周到来的大任务。对此，我完全支持。

一旦满足了这些生理需求，我们就可以关注金字塔中层的心理和社会需求，即"安全"需求。例如，工作和收入稳定、人身安全、身体健康等。对于孩子，他们的"安全"需求就是一条舒适的毛毯或某个具有特殊意义的泰迪熊玩具。

再上一层是社会需求，如归属感、爱情和亲情。某天你没有好好吃饭，所以你对老公不理不睬，坐在沙发上时也没有心情去靠在他身旁。这是因为你的基本需求还没得到满足，所以你根本无法考虑社会需求。有趣的是，是不是只要来块奶酪三明治，你突然就想调皮地戳他一下呢？

在金字塔三个"基础层"之上，是我们的尊重需求和自我实现需求。一旦我们吃饱喝足，得到了休息和爱情，我们就可以考虑外界的认可、尊重和欣赏，就会开始关注个人成长，发挥潜力。

对于小六，你不会让她不吃不喝不睡觉就去上学，还期望她在乘法测试中拿 A 吧？相反，你会让她吃好睡好，并且在出发前鼓励她，告诉她她有多棒，相信她可以搞定测试。

所以，请善待自己，一层一层地"满足"自己的需求，自然就会感受到幸福。

ICE CREAM
FOR
BREAKFAST

26
触摸抚慰心灵

每个孩子基本都有这样一条小毯子。布料舒适，触感如丝，用它轻抚鼻子、嘴巴、脸颊和手臂，柔软可亲，抚慰人心。

每个孩子都还有一双毛茸茸的袜子或拖鞋、一个毛绒玩具，以及一双好看的毛绒手套。

基本上，孩子们总是有一些可以触摸的东西，因为触摸可以得到抚慰，而抚慰让人安宁。所有人都喜欢安宁。我们之所以热衷养猫养狗，就是源自触摸与抚慰人心之间的奇妙感觉……或者说，摸摸毛绒宠物的感觉实在太棒了。

事实上，我对触摸并没有太多可以说的，但在与孩子们的相处中，我惊奇地发现安全毯原来如此重要。

我最好的闺密至今仍保留着自己儿时的安全毯，而一些研究表明这种现象并不少见，很多成年人都还留有这件婴儿与母体分离后作为替代的"过渡性"毯子。

"旅客之家"（Travelodge）酒店在对 6000 名成年人调查后发现，35% 的成年人承认自己与毛绒动物玩具一起睡觉，可见大众对"毛绒伙伴"的需要超过了人们一般预想。

《咨询与临床心理学杂志》（Journal of Consulting and Clinical Psychology）刊登的一项研究表明，通过测量对比血压和心率，那些带着自己心爱的毛毯或毛绒玩具去看医生的孩子，所承受的心理压力要小于那些什么都没带的孩子。有时，你甚至不需要拥有实物，只要知道它在哪里，就足以慰藉孩子甚至成人。拿我自己来说，9 岁时，我摔断了胳膊，治疗我的医生送给我一只巨型毛绒玩具熊，而玩具熊"纳努"的名字就是取自它。如今"纳努"在我老爸老妈的房间里安安稳稳地坐着。只要我一想到它还在那里，我就觉得安心。

一只老旧的玩具熊或一件破烂毯子怎么能够如此安抚人心？对此深深着迷的我阅读了更多研究，发现其中的奥秘在于所谓的"本质主义"（essentialism）。该理念认为物体不仅仅具有物理特性，同时也具有内在情感属性。比如婚戒，我们看重的不是戒指，而是其所代表的含义。对我来说，"纳努"意味着童真、安慰和治疗。

早在 3 岁时，我们就开始为物体赋予意义。一项针对 3 至 6 岁儿童的研究发现，有 25% 的儿童拒绝把自己的玩具与另一个一模一样的玩具交换，他们想要的是自己专属的、那个原来的玩具。而大多数选择交换的孩子很快又想换回来。2010 年，一项研究表明，当成年人被要求剪碎珍贵物品的照片时，在这一条件刺激下，被试者皮肤汗液产生了显著变化。换句话说，他们感到内心不安。所以，我们喜欢这些具有特殊意义的物体，因为我们生而如此。这无伤大碍。

我们所触摸的物体是自己的延伸，并对其拥有所有权。让我们保留那些连接过去与现在的事物，追溯过去的自己，铭记一路成长的努力。

简而言之：永远不要放弃自己儿时的玩具。因为这个玩具，会让你变得更好。所有人都认为保留玩具的人是傻瓜，但所有人都是这样的傻瓜。

ICE CREAM
FOR
BREAKFAST

27
说实话

听到实话,我们的心可能会被刺痛一秒钟。论坦诚,孩子们童言不讳。

"我不喜欢这个生日礼物。"

"你穿那件衣服,显得胸很奇怪。"

"这里闻起来很奇怪。"

说实话就是解放自我,所以孩子们不用为编造成千上万个小谎言而受累消沉。他们没有必要找出周五晚上不去喝酒的借口,或者想出法子"丢掉"那条妻子为即将到来的假期给自己准备的难看的泳裤。他们几乎坦率对待所有事情,没什么大不了的。

大家都知道有些浑蛋,只要有人愿意听,他们就会习惯性地这么说:"我吗?我只是实话实说而已。"这些人往往朋友很少,他们给别人提出建议只是为了吸引注意，因为他们不知道如何面对脆弱的自己。对于这样的行为我绝不鼓励。

所谓的"说实话"，就是请对方信任你。

孩子们不会担心如果说了你穿那件很多带子的内衣，胸部看起来很傻，你就会不那么爱他们。这不是你问他们的吗？如果想要听到鼓励性评价，你应该换个方式问："请你告诉我，我看起来很美吧？"你得明白，真诚提问才能换来真诚回答。但是，没关系！我们强调了很多次：这种情况不只是你一个人！

被骗虽因人而异，但是世人所能体验到的最为沮丧的感受之一。

小九最惹我生气的是她唯一那次撒谎。她没做我所交代的事情，而且没有说出实情。那天，她告诉我她已经把泳装和毛巾拿回房间，并晾在外面了。我直接问她："你把它们晾干了吗？"她说是。两天后，在她准备再上游泳课时，我才发现泳装和毛巾仍然皱皱巴巴、湿湿润润地塞在她的包里。

"首先！"我吼道，声音因愤怒而颤抖。"等下上课的时候，你身上的味道闻起来就像是一条淋湿的小狗。因为你没有晾干衣服，所以大家都会把你当成一个发出奇怪味道的女孩。现在你只有拿湿毛巾擦干身上，不过这肯定不怎么舒服！"我慢慢进入正题。"宝贝，更要紧的是，当时我问你晾衣服了吗，你说晾了。你看着我的眼睛说你做了一件自己没有做的事。所以，以后每次我问你什么事，我都要再检查一下你是否说了实话。宝贝，这种感觉太糟糕了！我觉得我们应该更加互相尊重。"

的确,我的话有点说重了。但我一直以来都那么相信她,因为她总是那个随时准备就绪的孩子,不仅准备好所需的一切,而且脸上还挂着笑容。不过,无论如何,她的小谎言真的伤害了我。之后,我又补充了一句:"宝贝,我从来没有骗过你,一次也没有!"好吧,这句话可能有点假了,但却让我反思:我还说过什么其他谎言?

虽然我们无法控制别人对我们撒谎,但我们可以控制自己少说假话。如果哪天有点心如死灰,而别人又问起"你好吗",那么"很好,谢谢"的答复也是一句谎言。

但是,说出真相,又会怎么样呢?

你完全有权拥有自己的想法并发表意见!

感觉不舒服就要说出来。如果你坚持不说,喉咙也会报告你胃里的翻腾。

如果不能说出来,那就写下来,方便对方接受真相。但无论以何种方式,都须带着爱和同情来表达。当对方的怒气烟消云散,他就会明白你是怀着最大的善意说出了最难启齿的真相,而这对于他理解你的用心至关重要。

所以……

不要说谎。

真不值得。

你不值得去承受说谎后的压力,也不值得让对方拆穿谎言后去承受你的背叛。

你得知道,湿泳衣和湿毛巾总是会被发现的。

有想法、有需求、有梦想，很平常

有想法、有需求、有梦想，很平常

有想法、有需求、有梦想，很平常

有想法、有需求、有梦想，很平常

有想法、有需求、有梦想，很平常

有想法、有需求、有梦想，很平常

有想法、有需求、有梦想，很平常

有想法、有需求、有梦想，很平常

有想法、有需求、有梦想，很平常

有想法、有需求、有梦想，很平常

有想法、有需求、有梦想，很平常

有想法、有需求、有梦想，很平常

ICE CREAM
FOR
BREAKFAST

28
活在当下

你把"今天"照顾好,"明天"自然对你不薄。尽管很多事情可以等待,但想吃甜点或者与人拥抱时,要的就是现在。生活也是如此,把握当下才是人生的关键。

大多数对现在的干扰都是源自"过去"或者"未来"。比如,本应写好了回信或者回复了电邮,但实际上没有,于是回信就变成了一件来自"过去"的烦心事。

待会儿要和谁谈事,等下要去跑腿,跟着还需完成的事项……这些都是来自"未来"的干扰。

然而,关键的是,当下。

无论是看着孩子们在美术课上画画涂色,还是她们拿着"美国女孩"(American Girl)娃娃玩"购物日"游戏,都是一种奇妙的体验。我有时会花十几分钟看着小六整理"家具",因为我们要在一起过家家。其实,成年人也完全可以集中精力,只要我们深呼吸,清除杂念,一心一意投入手头的事。我和最好的闺密把它称之为"吃大象"。吃掉一头大象的唯一方法就是一次咬一口,然后集中精力咀嚼。

只有沉浸在当下,视野才更加清晰,感受才更为深刻。

人所有的创造力都是在"当下"迸发。无论是想法、信念与期望,它们的意义都在于当下。

想参加马拉松,你要做的就是训练,马上。

想写一本书,你要做的就是打字,马上。

想做任何事情,你要做的就是此刻,马上去做。

在我看来,吸引力法则(The Law of Attraction)至关重要,因为人生只有有所聚焦,才能有所展开。

关注此刻的快乐,快乐会延续。感觉良好的你对此刻充满期待,那么此刻就充满希望。如果没有期待,那就没有希望。就是如此。

我们的生命一分一秒在流逝。无法倒退,无法快进。但孩子们对此毫无压力,因为他们能把握当下。

人们总会谈起担忧,而担忧总会扰乱现在,使得当下难堪,产生更加负面的体验。

或者,问题无一得到解决,我们就会感觉更加悲惨,而悲惨现实又会加重当前的苦难。

你越担忧一个问题,这个问题就会越严重。

你无法通过担忧来减少担忧。人要担忧起来，越担越忧。因为担忧会滋生更多担忧！所以，我们必须现在把它扼杀在萌芽状态。

就现在。

以某种最恰当的方式意识到不必为过去或未来自寻烦恼是一种解脱。我们不是非得超前忧虑才能过好生活。我们唯一要做的就是让自己在此刻感觉良好。无论你担心与否，该发生的终将会发生。所以，大可不必自寻烦恼。让自己释怀。

你当下所处的这个时刻，都有哪些美好？

珍惜拥有
活在当下

ICE CREAM
FOR
BREAKFAST

29
知耻而学

我对后天形成的羞耻感充满了好奇。除非大人出言提醒,否则孩子才不会对自己想要的、如何得到自己想要的,以及自己的身体、想法、愿望和梦想,产生任何羞耻感。

还记得那年在意大利,我在英语夏令营教过一个叫乔治娅的小女孩。这个 6 岁的孩子下水玩耍一阵后准备上岸换衣,但发现不知什么时候弄丢了紧身裤。

"没关系。"她很坚定地说,说完便只穿着 T 恤和短裤就坐了下来,向我证明 6 岁以上的孩子都会这样做。

羞耻让人痛苦。

羞耻使我们相信,我们的感觉、信仰和行为,都是错的。

羞耻同样会造成生理不适。我们会脸颊绯红,腋下刺痛,浑身紧绷，不知所措，恶心反胃，口不能言，而且羞耻感还会源源不断从心底泛出，让人真想找个洞躲进去。

说实话，我耻于当保姆。由于害怕尴尬，我怯于告诉别人自己其实沉迷于这份工作，为了照顾别人家的孩子，我甚至把自己挚爱的写作抛到一边。因为那些无法与孩子相处或者教育孩子的人，不知为何总会"瞧不起"保姆。因此，我就认为通过做兼职保姆来获得一段时间休息的作家，不能算是成功作家。但这不是很傻的想法吗？

我们大多数人都愿意并且能够以整体性的眼光看待别人，但不愿也无法看清自己。

我们愿意接纳他人的脆弱、怪癖、人性，但很难接受自己的不完美。

在我看来，我们其实是生活在一种依靠羞耻感来防止现状改变的文化之中。身处这种文化，我们会感到自我仿佛形同虚设，不是吗？羞耻以对话开始，却以独白结束。我们在自我想象中不断自我告诫：我们做得不够，别人也是一样。

羞耻感完全是后天形成。无论是蹒跚学步的小孩子对着烤箱门上玻璃镜面中的自己手舞足蹈，或是少年当众倒立，还是6岁的乔治娅没穿长裤也能四处走动，孩子们的各种行为完全是跟着自己的感觉走——碰到趣事，他们大笑；需要关爱时，他们哭泣。但随着年龄的增长，我们会被告知什么才是有礼貌，怎样做才能为人接受，将自己陷于自我规范的心态，永远把自己的行为标记为"好"或

"坏",并以此自我批判。

羞耻是一种强制遵从。我们耻于追求自己的梦想与爱好,被迫在真实自我之外的阴影之中苟活。

然而,在内心深处,我们清楚自己过得并不真实,但似乎也没有其他出路。我们隐藏自己的天赋,认为世界对此并不需要。

但是。

但是,我们应该欢唱"内心的歌",不应该因为自己是谁而羞耻,不应该为自己总是"感到羞耻"而羞耻!为自己感到尴尬而尴尬?天啊,这简直就是"玄学"!绕来绕去。

不过,不必搞得这么"玄学"(哈哈,我本人真的很"玄学")。当你开始忠于自己,判断自己是否需要"感到羞耻"时,你就真正拥有了自己的力量。

我不是说你得把改变整个世界视作己任。

我的意思是,当你为"做自己"而骄傲,不为自己的欲望和希望而羞耻,你将会一往无前。

当你不再为自己的欲望和希望感到羞耻,你可以改变自己的世界。

丢掉羞耻,获得完整的内心世界,开始无边无际地探索吧。

**ICE CREAM
FOR
BREAKFAST**

30
过道上的舞者

我还记得那个在"美国药房"(American pharmacy)里的过道上跳舞的小女孩,那是我见过的最快乐的孩子。但她的妈妈却叫她别跳了。尽管过去多年,但我从来没有忘记这件事——大人叫孩子不要玩耍。那个小女孩没有影响他人,她只是自娱自乐!傻傻可爱,自由自在!愿我们都是过道上的舞者。

我想,应该是妈妈觉得难为情了,但孩子却毫不在意。这种难为情让人感觉似乎外人都在看着自己、审视自己。尽管我们可以对此理性分析,明白根本没人在意自己,但这种注视感仍好似一束聚光灯打在了我们身上。

为了避免这种难为情的感觉,我们必须提醒自己,别人真没有如我们担心的那样看待自己。就像在泳池边穿着比基尼,你很快就会发现没人盯着你的肚子、大腿或者感到尴尬的部位。因为大家都在注意自己的肚子、大腿以及其他自觉尴尬的部位!

当我们担心别人会证实自己的负面想法时,我们也会产生这种自我意识。所以,刚才那个妈妈指责孩子"丢人现眼",可能是她担心别人会暗地指责她是个三心二意的母亲,没有足够关心孩子。她很可能担心有人证实自身的负面想法。这就是自我意识。

如果有人叫我们"蓝香蕉",我们会耸肩了之,因为知道这毫无根据可言,所以根本不会放在心上。但如果有人说"你没有双下巴的话会更好看",我们也许就打算减肥了。之所以我们会对此认同,觉得减肥可行,是因为我们看到金·卡戴珊(Kim Kardashian)自拍的上秤照片,知道她的体重,而我们比她重得多得多,因此我们会认为对方说得对,继而赞同这个消极想法。所以无论是"蓝香蕉",还是"双下巴",我们都需要在精神上对其"耸肩了之",不屑一顾。此外,我们也不应该"厚此薄彼",毕竟它们都不是事实,哪怕减肥更有可能是真的。

自尊健全的人不会根据外表或感觉来评价他人。

尽管自身存在诸多不足和缺点,我们所应追求的是无条件地接受自我。而且自我意识让人倍感压力,谁也没有必要去承受这种让人失控的巨大压力。

如果有人清楚地表达了对你的负面看法,下次试着这样回答:"嗯,我从来没有这么想过……"然后就此打住。你不必去认可他们的"指责",你可以让他们觉得自己是个"浑蛋",因为他们只是想把你拖下水而已。

以下是接受自我的几个要点。只要愿意,你也可以鼓起勇气在过道上跳舞!

接受自我的几个要点:

1. 自我意志

当你主动决定以孩子式的自我接受,而非自我仇恨,作为自己想要的生活方式,你的心理模式将从敌意和责备转变为宽容、接受和信任,并意识到自我厌恶无法带来令人满意的生活。当你决定接受自我,每天早晚告诉自己要接受自己,无论优缺点。假以时日,这种逐渐形成的连锁反应,可以让你过上更为平和的生活。

2. 扬长避短

如同在海滩上捡卵石,我们总是记下自己一个个缺点,看似对人无害,但我们却为其所累。我们执迷于"自己一无是处"的剧本,忘记了自身的价值与意义。对此,我们要做的只是清除"杂草"工作:有意识地和有目的地在脑海中或在纸上,甚至与专业心理治疗师一起自我告诫:"我有所擅长""我至关重要"。

3. 选好同伴

人们对自身的感受会直接受到身边人的影响。比如，在你的人生中，是哪个浑蛋说你有双下巴？对此，我建议你可以"自由抒写"，即在笔记本或空白的 Word 文档中诚实地回答：

谁在负面评价我？我在负面评价自己时，谁在添油加醋？我为什么允许他们伤害自己？难道是由于我怯于选择不同的人生，所以他们只是在替我"唱白脸"？

一旦除去这些生活中的"杂草"，决定应对旁人的负面评价，或与他们保持一定距离（比如，简单地说一句"和你在一起感觉不太舒服"），你便可以开始专注于让自己感觉良好的事物。如果有人让你感觉良好，你可以花更多的时间与他们相处。

4. 原谅自己

我们所能做出的最佳决定只能依据当下掌握的信息。所以后见之明往往都是马后炮，毕竟形势瞬息万变。我们要提醒自己，履行自己当时的决定已是最好的结果。这是自己所能做到的一切。

5. 接受自我不是退缩

其实，接受就是放下过去和我们无法控制的事情。如此，我们才能把注意力集中在可控的事物上——这就是自我赋权。不过，你知道吗？有时我们根本做不到。所以有时假装能做到是个很好的选择。我们是可以假装拥有自我价值，直到自己全心全意地相信它的存在。记住，接受自我是一个长期过程。我们必须反复练习爱自己，这不是随随便便就能实现的。

我克服过的人生难题：

在我的人生中，我建立了哪些美妙的关系：

我的人生因为他们而美好：

ICE CREAM
FOR
BREAKFAST

31
梦想远大

梦想远大。这个话题又回到了"限制",但答案就是不要给自己设限。为什么开出租车的你不能在周末从事滑冰运动,或者作为便利店主的你不能设计狗狗项圈?苹果公司创始人史蒂夫·乔布斯(Steve Jobs)总是建议人们不只要有梦想,更要梦想远大。孩子们对此一清二楚。小九梦想开一家名为"真实故事"的宠物商店,还给我看过非常详细的商业企划。这个宠物狗店里陈列着她为每只狗狗撰写的狗生故事,顾客可以阅读故事,选择购买相应的狗狗。此外,这个宠物店还有完整的配套产品生产线。听完,我开始问她物流问题以及怎样才能在几个月内写完所有的故事,不然这个店每年肯定只能卖出几只狗。她看着我,露出一副似乎我疯了一样的表情。"会有写作团队负责,"她不屑地回答,"我本人只负责室内设计。"

梦想远大，需要我们怀有激情和远见。面对相同的事物，人们会根据自身视野做出完全不同的判断：有人看到问题，有人看到机遇（还记得我们说过的即兴人生吗？）。

梦想远大需要勇气。你可以勇敢地提出将团队下个季度的销售目标提高15%，或者"把我们的产品卖给全国15到21岁的消费者"。胆大也要心细。与其说"我认为这不可能"，不如说"如果有可能，最后期限是什么时候"。

远大的梦想简单明了。你必须能以一句话向自己和其他人（在你准备好向别人说明的时候！）说清自己的梦想，否则这个梦想就过于复杂。

让自己幻想理想的生活，让它扎根于你的脑海，直到你能够实现它。理想的生活不会一蹴而就，但如果想要实现梦想，你必须要先拥有梦想。

15 分钟的幻想

15 分钟，无拘无束地想象一下：你想拥有什么、想成为什么以及想做什么。

抛开所有已知的现实，尽情幻想自己享有无尽的时间、金钱、教育、经验、朋友、关系、资源以及其他能帮助你过上理想生活的一切。

如果你潜力无限，你会为自己创造什么样的生活？

当然，我们之前说过不要担心未来，只考虑现在。但在接下来的 15 分钟，请尽可能详细地想象距今 5 年后，甚至一年后你的生活是什么模样。你对自己未来的健康、幸福和财富的想象越清晰，你就越能方向明确地向这些目标迈进，即使以后你再也不会去想这些事情。事实上也不要再去幻想，对此执迷。

只在接下来的 15 分钟幻想，然后回到现实。

ICE CREAM
FOR
BREAKFAST

还记得当年在意大利，我在那个设在修道院的夏令营里教当地孩子英语，我让他们给未来的自己写信。看着孩子们的信，我既感叹他们的野心勃勃，又觉得想要保持童真的他们又是那么可爱。其中，有个男孩写的是前一天晚上我们吃晚饭时看到的一颗星星，写出了无尽的诗意。他在信中写道，希望未来永远不会忘记看到那颗星星悬挂天际时自己心中的敬畏感。这样，长大成人的他就不会因为生活的重压而忘记仰望星空。面对生活压力，这个孩子的解决方案如何？记得仰望星空！

当你目标明确，你便更加自信，相信每走一步都是在迈向正确的方向。当你思考未来，又活在当下，你会更为积极，更有动力，更有决心在每时每刻活出意义。相比未来，活在当下更加容易。

人们倾向朝着主业和个人目标、梦想、形象、愿景的方向迈进，因此让自己梦想远大会提升人的自尊。

写下你绝对可以实现的梦想，列成梦想清单。不用自我审查。没人知道这个清单，也不需要任何人评判这个清单，包括你本人。不要考虑你写了什么，只管做吧。

列出目标清单后，选择其中一个小目标，然后今天就迈出小小的一步。梦想远大，但始于足下。

我要实现的小目标：

ICE CREAM
FOR
BREAKFAST

32
责怪他人没有错

在记者德卡·艾肯黑德（Decca Aitkenhead）的个人回忆录中，有个章节让人动容——她必须向儿子解释为何他的父亲在海上溺亡"不是任何人的过错"。但之后一位心理学家告诉她，要孩子去接受"不是任何人的过错"的解释实在太难了。所以，德卡解释，这是大海的错。孩子对此表示理解，他的情感也得以有处宣泄。孩子接受这个解释并立马释怀，是因为他可以去责怪某人某事，从而会向前看。

作为成年人，我们常会因为太过随意、顺从或者无所谓而陷入困境，哪怕有时一切真是由别人的过错引起的。其实，我们完全可以责怪他人，从而继续前进。责怪他人完全无可厚非（就像人会生气、有需求或者想要被爱）。

《哈利·波特》的作者 J.K. 罗琳（J.K. Rowling）曾说过，一个人不能老大不小之后还为自己的出身而责怪父母。没有哪个孩子是一张白纸似的来到这个世界，因为从出生那一刻起，我们就已继承了父母过去的人生，得到了他们的爱，背负了他们的思想包袱，承担了他们曾失去的。这种继承本质上无所谓好坏，人生如此，人人如此。作为我们幼年时的精神导师，父母往往尽其所能，指路灯般引导着我们。但我们就像海绵一样，吸引了太多他们无意识散播的思想包袱，而随着年龄的增长，这些包袱逐渐影响着我们的世界观。

对于下面这些思想包袱，你可以责怪父母：

- 对美好婚姻的幻灭
- 过分完美的婚姻理想
- 迫切渴望接受学院派的系统教育并最终获得文凭
- 带有偏见的政治观点
- 不信权威
- 迷信权威
- 害怕偏离常规
- 有关宗教的一切
- 个人偏见
- 厌恶小孩，或者认为没有孩子，人生就不完整
- 不良饮食习惯
- 无法独立

- 过于独立
- 没有别人的建议就无法做决定
- 缺乏经济基础
- 基因不良

  上面这些包袱还可以列出很多很多，但关键点只有一个。我们必须承认自己偏爱油炸食品、同情英国前首相撒切尔夫人以及害怕做出承诺都是"遗传"于谁，然后决定原谅他们，自己担起责任。有些创伤或问题可能是别人的过错，但我们有责任去"修复"和解决。

  原谅父母。

  原谅自己。

  向前看。

  如果你想责怪该死的大海，那就责怪该死的大海。然后再问问自己：现在知道是谁的错，我应该怎么做呢？（见"原谅之类的"一节）

ICE CREAM
FOR
BREAKFAST

33
真心微笑

碰到有趣的事物时，成年人往往会憋笑，但孩子们一般忍不住。如果有人放屁或谈论放屁时，孩子们会放声大笑，而且他们还对各种笑话乐此不疲。我照顾的那些小女孩喜欢听别人用美国得州口音讲笑话。在她们看来，世界上最搞笑的事情莫过于比赛谁能夸张且表情又故作严肃地对口型假唱。谁先笑了就输了，但女孩们总是笑个不停。

我们成年人喜欢"扮酷"。为了"酷"，我们说蠢话，乱穿戴，做傻事。让外界决定我们应该做什么、看什么以及成为怎样的人，真是他妈的糟透了。

为了"酷"，我们置真实生活于不顾，误以为外界会欣赏我们的"酷"。结果，当我们想笑的时候，我们不能笑，不然就不酷。

耍酷扼杀了生活的真实。

耍酷扼杀了我们的本性，抹去了生活的"活力"和"真实"，疏远了人际关系和人际交往。

热情和渴望能激发人们开展新活动，促进大脑神经元运动，带来正能量的言行举止，继而吸引他人。所以"扮酷"最大的副作用就是压抑热情。

和孩子们在一起让我体会到放声大笑真的会让人上瘾。原来大家都喜欢与放声大笑的人、表达喜悦的人、咯咯傻笑的人待在一起。这就是为什么人们总提到大明星詹妮弗·洛佩兹（Jennifer Lopez）的笑容。因为看着她纽约布朗克斯区（Bronx）式的可爱笑容，让人就想逗得她笑个不停。

笑能振奋人心。

笑是人们年轻的源泉。

笑是世上最好的灵药。

评判别人，自己失控

ICE CREAM
FOR
BREAKFAST

34
你很特别，其他人也不普通

我们之所以爱孩子，是因为他们让我们感到一种存在感。我带的那些小女孩对我的注意完全超出了我的想象。她们知道，哪天我穿黑色衣服，就是要回家写作；哪天我涂了口红，就是要去市里开会；如果哪天下班后我穿了"尖尖的小精灵鞋"，那就是要去约会，而且她们还会在第二天吃早餐时问我约会情况。

我有次听到小九跟她妈妈说起我，小女孩她一字一句回忆起某天下午我和她之间的闲谈，还不停说"劳拉说过""劳拉说了"。我还真的不太明白她为什么会这么崇拜我。

小九有时会悄悄跟我说："我们今天可以过'天酬勇士节'吗？"她知道这是我和她之间的小秘密。即使在我无暇自顾的日子里，女孩们也还会记得。

当孩子与你四目相视，爬上你的大腿，似乎就在那一秒，这个世上只有我们和他们存在。

如果成年人也对每个与自己接触的人都产生这种感觉，那又会怎样呢？

"有魅力"是一种让自己与对方都感觉良好的能力，它使对方感到受重视，得到倾听、注视与理解。有人懂你是一种微妙的感觉：他们不一定完全同意你的观点，但却让彼此感到被尊重。

想想你所认识的那些魅力十足的人。你微笑时，他们微笑；你皱眉时，他们皱眉；你点头时，他们点头。他们以简单的、非语言的方式与你共鸣。他们不是在拍你马屁，而是真正融入你的话题，跟你保持亲密。

我之所以喜欢有魅力的人，是因为他们不怕向你表露自己的弱点。没人喜欢那些没完没了地炫耀自己成就的浑蛋。有魅力的人与你交谈时，他们付出了真心和诚意："哇，《卫报》（*Guardian*）跟你约稿啦？这么多年我一直都没成功，我很好奇你是怎么搞定那个编辑的？！"

有魅力的人通常和蔼可亲。即使怀有不同意见，他们也倾向于以"我们都同意这一点，所以分歧就是在于那一点"的方式表达观点。唱反调很容易，尤其是指出别人的观点或建议中的缺陷，但要推动对话朝着正确方向发展，让每个人都觉得自己有所贡献，就得采用"即兴"技巧："好的，那么……"

接下来这一点或许有点争议。有魅力的人也善于使用肢体接触。

伸手触碰对方手臂或肩膀可以强调你的观点，并展现出那种放松的感觉，既吸引人心又令人安心。

当你了解到别人做成了某件事情，可以问问他为什么要做这件事、如何做到的以及做成之后的感受。

或者，就对方提到的某件小事，不断深挖。

大部分人都想谈论自己，只要给他们机会。

我曾经看过一个采访。受访人认为让人们开口的最佳方法就是对他说："哇，这是你做的？这事听起来就很难。"这么说是因为所有人都认为自己的人生艰难。一旦"人生艰难"的想法得到肯定，他们的"话匣子"也就可能安全打开。

对于谈话对象，充满魅力的人会先去了解想要知道的一切，这会让对方感觉自己备受重视。所以，下次与人聊天时，请保持先"了解对方"的好习惯，就如同女孩们会把我穿的鞋子与当天约会联系在一起。通过倾听让对方感受重视。对我而言，这就是与人相处的黄金法则。

接下来 5 分钟，为了让他（她）感觉特别，我准备：
_____

今天，为了让他（她）感觉被理解，我准备：
_____

本周，为了让他（她）感觉重要，我准备：
_____

今后，为了让他（她）感觉被爱，我准备：
_____

ICE CREAM
FOR
BREAKFAST

35
做自己的英雄

在孩子告诉大人的所有故事中，他们都是英雄：是他们的建议拯救了世界；是他们的灵机一动促使团队赢得了比赛；是他们的建议让他们脱颖而出。那么，已经成年的我们为什么不能继续成为自己人生故事中的英雄呢？小十一甚至还告诉我，要不是因为她，这些故事就永远不会发生。我们很多成年人宁愿安心做个最佳配角，但孩子不愿扮演配角。他们要做自己的超级英雄。

英雄是行动派。成年人会告诉自己需要等到准备就绪，时机成熟——对，没错，时机就是现在。

等待一切准备就绪往往意味着永远无法准备就绪，因为根本不存在真正的万事俱备。

法拉·格雷（Farrah Gray）曾说，为你自己的梦想奋斗，否则别人将会雇你去实现他们的梦想。

而且，实现梦想必须是现在。

想去巴黎，那就真去一次，而不是转载别人的旅游照。

不要等到鼓起勇气才行动。谁知道究竟什么时候才能鼓足勇气？

勇气是在追求梦想的过程中获得，是在行动中体验"天哪！我确实在努力！我真的在不断尝试！"的感觉。

直面心中恐惧，向它展示自己才是生活的主宰。反抗恐惧，才能克服恐惧……只有这样不断练习，才能战胜恐惧。

英雄完成了超过人们想象的壮举。英雄打破了四分钟跑一英里的不可能，英雄建造了汽车，英雄在思绪不宁的抑郁心境下起床给自己泡茶。英雄让电脑走进千家万户。英雄一步一个脚印地攀登自我怀疑之山，为自己挺身而出。

决定成为生活中的英雄就是给自己指明奋斗目标。每天早上醒来，我们总得思考一下起床的意义。想好你的"起床目标"，把它作为你的人生信条。如果必须打破一些常规来实现目标，那就更好了。毕竟成就伟大事业就必须去挑战普遍认为的事实。

英雄不是十全十美。做自己生活中的英雄不是说不再感到悲伤沮丧，而是去了解如何利用这些情绪，实现更伟大的目标。

成就他人，成为团队的一员，但或许也会得罪别人！你不需要在实现目标的同时又得到所有人的喜欢。但如果你想两者兼得，那你可能需要努力磨砺自己的某些"棱角"。与那些世界观不同的人相处才能更理解芸芸众生。相比顺风，逆风才更适合飞翔。

做自己的英雄，坚持不懈。

你必须坚持下去，哪怕艰难险阻，困顿身乏。因为只有你清楚是否值得坚持下去，或者放弃才是更好的选择。如果你想出版狗狗的故事，再开一家配套宠物店，那你得听取很多人的意见，而不只是我这个多疑的保姆。如何才能坚韧不拔？光靠鼓足勇气吗？英雄遇到困难，靠的是找到解决方法。

英雄从来不是一蹴而就，而是一直在努力成长。学习，精进，行动。

英雄在成长中寻找快乐。没有苦功和行动，天赋毫无价值。学习规则，才能了解如何打破常规。

好消息是，当英雄们不够完美的时候，他们才有可能变得更好。所以，你要接受自己的缺点和不完美。英雄们往往也都是平易近人的普通人，并且乐于分享自己的成长过程。这就又说回"坦诚"的问题了！不用谢。

ICE CREAM
FOR
BREAKFAST

36
伤痕是荣誉的勋章

她在沙发上练习倒立时支撑不住倒下来，手臂磕到一个魔方，于是留下了一道疤痕；他刚出生时经历了一场紧急手术，于是肚子上留下了一道疤痕；她的额头有些肿起，留下了一道哈利·波特式的前额痕迹。

对孩子来说，疤痕并不是耻辱，而是表明有事曾经发生过，他们想告诉你整个故事的来龙去脉。

美不是面容的完美无瑕，也不是情绪的波澜不惊。纵使切肤之深，疤痕的意义也远不只是一道伤口。受伤或者愈合都有其意义，而美就在于受伤和愈合之间优雅的平衡。疤痕越深，越能展现愈合能力之强。

活过并有伤痕证明——这便是人生之美。

每道伤痕都是一个故事。

道道伤痕如同往事的经纬，刻画出曾经的人生。

生存是艺术。

生活也是艺术。

奋斗更是艺术。

伤口需要慢慢愈合。没关系，我们尊重愈合的过程，只为成为全新的自己。倒下后重新站起的我们会更强大。重新梳理过去，才能清楚什么更适合自己。记住自己想要成为什么样的人。做自己的英雄。

疤痕是过去的标记。

疤里痕间诉说人生故事。

我们会受伤，
但最终，
伤口会愈合。

伤痕是
我们荣誉的
勋章。

ICE CREAM
FOR
BREAKFAST

37
事情一团糟，自己解决好

首先，你把事情搞得一团糟并不可怕。可怕的是你不去解决。

我们跟孩子不也是这么说的吗？自己闯祸，自己解决。就像小九没晾泳衣，她犯了错。我也告诫她她的确做了错事。她认识到自己撒了个无伤大碍的小谎，但下不为例。同样，无论是吃麦片时打翻了牛奶，还是把闪粉亮片撒得满桌都是，这都没什么大不了的，但是你得去处理。去拿抹布吧。

然而，作为成年人的我们却不愿意这么做，反而有点陷于问题本身，沉迷于自己的烂摊子。

布里安娜·维斯特（Brianna Wiest）说得好：每个人都有一套问题应对机制。比如，我们会首先自嘲与恋人关系相处得"还不赖"，哪怕他每个周六晚上只会带着芝士比萨来约会，或者直言对方的发型仿佛割草机的"杰作"。焦虑不安也是一种防御性应对。我们自认为，展示出的脆弱的一面或敞开心扉往往会让人受伤，故而选择逃避，但殊不知逃避才是吃了大亏。

这种应对机制在短时间内对我们有所帮助，但从长远来看则可能极具破坏性。维斯特说，相比执迷于问题，我们更应该爱自己的生活。千真万确。

冷静地面对问题，答案自会出现，而不该忧虑到神志不清，听任内心挣扎不已。

如果感觉自己的人生正在上演着狗血戏码，我们必须暂时与之断开联系，然后花一秒钟，深呼吸。

大家现在之所以都关注正念和冥想，主要是因为让自己停下来去聆听自己的呼吸真的有效。呼吸是我在瑜伽教师培训中学到的最有价值的一课。人若是呼吸不畅，就无法生活正常。要做出一个非常难的瑜伽动作，第一步往往先是呼吸，但呼吸也最容易调整。老师们还告诉我，如果做出某个动作但在保持时无法正常呼吸，这就表示我还没有做好准备。所以，迫使自己去做自己无法做到的事，这不是听从内心的"指导"，而是自负。

"从何处下手"才能"解开"生活的乱麻？让我们从呼吸开始。伴随着呼吸，停，下，来。

对此，我必须提到老爸教我的呼吸法，这也是我本人最喜欢的呼吸法。在瑜伽老师培训时，我第一次带领"团体练习"时，就传授给大家这种呼吸方法，给在场所有人都留下了深刻的印象。你也试试。阅读下面的文字，用手机录下。在你需要花一分钟呼吸一下时播放这段录音：

> 停下来。此时，此刻，停下来，你只是你自己。你的眼皮很重，越来越重，直到合上。吸气。闭着眼睛，吸气，再呼气。不用调整，无须变化。如同平常一样，呼吸，呼吸。感受，觉察，没有动作，不做评价。只是呼吸。吸气，呼气，吸气，呼气。感受胸部的起伏，肩膀垂下。吸气，呼气，吸气，呼气，吸气，呼气。调整注意力，听听远处的声响。车鸣，狗吠，鸟叫，人声。吸气，呼气。听听最远的声响。吸气，呼气。听，那个最远的声音，朝它靠近。吸气，呼气。听那个最近的声音。是萦绕耳畔的风，还是自己的呼吸？是耳中的血液，旁人的动静，还是滴下的水滴，闪烁的电灯？吸气，呼气。在两个声音之间来回。听听远处的声音，听听近处的声音。吸气，呼气，吸气，呼气。现在，吸气，想象自己正在吸入一束明亮的白光。感受那白光透过鼻孔，穿过喉咙，进肺入腹。现在，呼气，释放体内所有的黑暗。从腹到肺，由心到喉，呼出黑暗……吸入白光，呼出黑暗。吸入白光，呼出黑暗……

想一想，其实你的生活并不完全就是一团乱麻。我们所有人都会一遍又一遍地遭遇不幸，但也一次又一次地摆脱困境。人绝对不可能任何时候都一帆风顺。请相信，当你遭遇困境，其他人也都在挣扎，我向你保证。关键在于，我们有没有意愿去谈论困境。

在经历第一次遭遇职业倦怠，且职业倦怠最终演变成焦虑和抑郁后，我的生活态度不再积极。这是我继玩性后丢失的"第二件宝贝"。我变得异常负面，但这对我来说很不寻常，因为我本人一直都非常阳光。而另外一个警示信号便是我做事提不起精神，可以前的我从来都是积极主动、有条不紊，为自己的自主性和顺利完成工作而自豪。

真希望这些负面情绪第一次出现时，自己就能慢下来。但事与愿违，我当时非但没有，而且还觉得不应该慢下来，应该继续前进。我自以为这只是"一个阶段"罢了。在接受治疗后，我才慢慢放弃负面想法，怀抱一丝希望，而要是以前，我很少会有这样的感觉。

谈到减轻压力，说起来容易做起来难。认清压力源头并找到放松方法，往往需要花费一番工夫。

定期进行减压活动，如运动、冥想、呼吸新鲜空气，有助于让人"既见树木，也见树林"。孩子表现不好或者情绪失控的时候，大人之所以让他们"冷静"5分钟，是因为只有他们被迫停下来，待在自己"面壁"的小空间里静默独坐，他们才能情绪稳定地解释为什么会拿钝铅笔戳妹妹，或者用平板电脑打弟弟。

停下来也有助于集中注意力。自生病后，注意力也离我而去。

我容易分心，备受无法放松的煎熬。此外，由于经常紧张兮兮，睡眠也成了问题。我渴望早点重新集中注意力，回忆起如何顺畅呼吸。其实，每天做到一件事便已足够，约牙医、打电话、洗个澡、发封电子邮件或去趟邮局。每天只关注一件事，就已足够。

真希望自己能早点对那段煎熬岁月释然。

ICE CREAM
FOR
BREAKFAST

38
做不到怎么办

孩子毫无避讳挑战新事物。小六根本没有想过自己以前从未滑过冰，她想的只是自己一定会爱上并擅长这项运动，仅此而已。孩子想要做什么，他们就会做，而不是去担心自己会从滑板上摔下来，或者从来没有写过故事，或者没人教过自己做海绵蛋糕前要怎么筛面粉。他们就是……去做。

先说去做，再想详细做法。

这就需要一些自信。

其实，生活就是一种感知。个人的外在价值（记住！不是你如何看待自己，而且这是你可以决定的事情！）完全在于如何呈现自己，这就有点我们说的"假戏真做"。

生活如同一场游戏，但总有秘籍，既然有赢家，也有输家，那就是说需要弄清游戏的玩法。生活是挑战,也是机遇,取决于玩家如何看待,但肯定有些"系统"性技巧值得玩家学习。

首先,注意细节。

人无时无刻不在说话。所以请用艺术、政治、各种语言来武装大脑。不断提高洞察力,人才能有话可说,言之有物。

比如,对于《杀死一只知更鸟》(To Kill a Mockingbird),如果你没有什么好说的,那就不要告诉你的老板你喜欢这本小说。这是常识。实在没什么好说的?那就闭嘴!沉默是金。奥斯卡·王尔德(Oscar Wilde)就曾说过,宁愿保持沉默让人看起来像个傻子,也不要一开口就证明自己确定如此。

如果无法做到某事,那就保持安静,多花时间观察周围形势,再想出下一步的方向。

此外,与所有人交朋友,这样你就拥有了"智囊团"。能在你需要的时候出手相助。但这并非操纵别人。得到帮助后,必须给予回报。得到多少帮助,就付出多少回报。所以,做好人的同时也要接受别人善意的回报。

不过,"假戏真做"确实有其道理。如果经常"假装"做某事,实际就是真的在做。因为这是在有意识地学习并相应地改造自己。

在一场广受欢迎的TED演讲中,埃米·卡迪(Amy Cuddy)讲到了非语言交流——肢体语言。即使没有达到最自信状态,你也可以放慢呼吸(又是呼吸!),与人目光接触。放松下巴和肩膀,真诚微笑,不必坐立不安。控制身体及其发出的微小信号,直到你的思绪平复。真的会起作用。认真倾听别人也有效果。

没有人能时刻保持好状态。谁都不行。好吧，也许亿万富翁阿伦·苏加（Alan Sugar）真的能够做到。不过，除了那些反社会者之外，谁都会犹豫不安。

学会自我提升自信。就像孩子一样，大声喊出自己的成功与努力。做自己的英雄。

在接手新任务前，回顾过往成绩往往能让人增强自信，保持乐观。而乐观的心态更有利于迎接新挑战。

关于"假戏真做"或者尝试挑战的最后一点，就是保持礼貌。自信并不是一定要成为别人的焦点，也可以是云淡风轻，稳重得体。

尽管现在没有把握，
但我还是想要尝试：

还有什么呢？
我要搞定它。

ICE CREAM
FOR
BREAKFAST

39
别破罐子破摔

我在写这本书的时候,有几个朋友跟我抱怨自己长大之后的生活杂乱无章,无法把控。不过,幻想终有一天生活会圆满地"到达彼岸"不正是人生最大的谎言吗?与他们聊完,我最终得出这样一个结论,我们一生永远都在跌宕起伏之中应对挑战,不断奋斗。尝试下面这些小技巧,为杂乱的生活理出头绪。

- **写感谢信并寄出去**

写信给一个让你有点畏惧的人,就是那种你想要和他交谈但不敢当面对话的人。信上就写:"我在一本非常有用的书里读到要懂得感恩,所以我想说谢谢你。"然后再解释原因。不要为此感到害怕,说出实情就好。

· 多喝水

说真的，人每天大约需摄入三升水（咖啡不算在内）。请相信我，还有世界上所有的美女。当你喝下足够的水（一般会超过你的想象），不但皮肤会光泽动人，而且生活也会云开见日。

· 花一个小时挑选下周要穿的五件衣服

打扮得可爱并为自己的外表感到自豪本身就是一件趣事。提前挑好衣服可以缓解每天早上的穿衣焦虑。这也是以一种轻松的方式充分利用现有服装，试验之前从未尝试过的穿搭。你真没必要再去买买买。

· 做晚餐

做顿简单的晚餐，邀请别人一同进餐，享受亲手做完晚餐的满足感。

· 向你所在行业或领域的某位牛人请教

告诉这位牛人，你可能会占用他 30 分钟时间——请他解答工作上的疑问，给出职业生涯的建议。请注意，你请教的不应该是你送感谢信的那位，否则只会让他觉得你在拍马屁。

· 我的心情我做主

自己应该做主的不只是要做的事情，也在于做事的心情。

- **赞美陌生人**

其实我很怕夸赞陌生人,但正因如此,我会强迫自己经常去做。夸赞别人其实也很简单,比如在卫生间的洗手池边,对旁边的女孩说一句:"嘿,这双鞋真好看!"你的话就能让她开心一整天。

- **去咖啡馆不被打扰地喝杯咖啡。一个人,没电话,不看书。只和咖啡师聊天**

抬头看看天,身处大千世界,感受悠悠岁月。

- **在公园长椅上坐 10 分钟,看看会发生什么**

当你压抑自己对朋友观点的真实感受时,10 分钟真是出乎意料的漫长。

- **发张最好看的自拍**

为自己的勇敢自拍附上文字:"今天感觉真好,发个状态纪念。"我保证,这种自拍不是自恋。

- **制定预算,想办法在圣诞节前每月多存 50 英镑**

等到 12 月,你买完圣诞礼物后甚至还可能剩余一点钱,来给办公室同事每人送一杯饮料。

- **给老板发封邮件,请求评估工作**

足球教练难道会等到赛季中段才做出调整?不可能!这样做只会害了球员!不断接受评估,才能自我完善。事实上,我们很少得到反馈意见,所以得去主动争取,证明自己的积极上进。

- **散步一小时。漫无目的,走街串巷**

慢跑更佳。

- **扪心自问:哪件事是因为没有勇气而没有去做的?**

诚实回答完这个问题后,你就很难不去做这件事。

- **请人出去吃饭**

人生的美好就在于与人共享美好时(食)光。

- **宠爱自己。来个全身护理:敷面膜,脚部护理,点香熏,去腿毛,最后穿件丝绸内衣入眠**

人本来就得对自己好。

- **买合身的睡衣**

睡衣穿得好,早上精神好。请用正确的方式开始自己的一天。

- **谁最替你加油鼓劲？当感到压力时，你最先转身离开的是谁？谁总会原谅你，哪怕你总是遗忘他（她）？给他们打电话**

通话的最后，对他们说一句："你知道吗？你是我的英雄。"他们会很感激。

我们
谁都没有
想象中的
那么
糟糕透顶

**ICE CREAM
FOR
BREAKFAST**

40
善待自己

　　到此，这就是《冰淇淋当早餐也不错》的全部。不禁有点莞尔，我竟然真的写完了九个月保姆生涯教给我的点点滴滴。中断"写作生涯"是我有生以来做过的最有魄力的事。当我承认自己需要从当时的生活中解脱出来，去自我反思，那种彻彻底底的人生挫败感，就好像是在宣布自己"不行"或者"不够格"。不过，如今的我却是更好的我——更智慧、更坚强，更善良——不仅是对自己，也是对别人。这一切如果归结为一点，那就是善待自己。现在的我能更清晰地看待一切，不但更能拥抱日常生活中的诸多美好，也能避免因那些无关紧要的琐事而陷入无谓的困境。

　　写作其实是一份有趣的工作。但在处女作出版后，我略微暂停了写作，于是就感觉自己不是专业"作家"，而且也无法跻身"成功作家"之列，因为自己还从事写作以外的工作赚钱，写作不知为何也不再是主业。但为什么其他作家都做得很好？于是，自我意识开始在作祟。无论是朋友还是网友，每当我在向他们解释为什么去做保姆时，自己内心其实非常痛苦。因为我以为他们会看不起我，就像我自己看不起自己一样。

事实上，没人会看不起你。

有幸的是，我得到了那些爱我的朋友的支持，是他们首先照顾到我的心理健康。让没有远离写作太久的我重获写作的喜悦。不过，让我感到很尴尬的是出版社的写作建议。编辑找到我说："劳拉，给我们报个选题，就根据孩子教给你的，写一本关于孩子如何指导大人的书。"我完全没有料到自己深感羞愧的经历不仅成了写作素材，而且要写成一本书！

之所以说这些，就是想告诉你，没人能够预料十年之后、一年后，甚至接下来的六个月会发生什么。这就是为什么我得写下这些无比重要的事实：宝贝，你会没事的。一切都会好起来。深呼吸。相信过程；专注于接下来的5秒钟或5分钟，并且最大程度地利用它；充分睡眠；活出仪式感；为伤疤而自豪；一步一个脚印，慢慢来；为自己安排几次"天酬勇士"奖励；做自己故事里的英雄；我曾跌倒而且毫无疑问还会再次跌倒，但这就是生活的本质；人生的起起伏伏都有其意义，成为我们的人生故事；当感觉事态无法控制时，不如即兴而为；制订没有计划的计划；漫无目的地溜达；永远保持善良。

希望你能明白,按照自己的方式坚持下去才能成就伟大的自己。希望你能告诉身边的人,他们也很伟大。也提醒你爱的人,生而为人虽然艰辛,但他们依旧那么勇敢。

我们谁都没有想象中的那么糟糕透顶。

在你开始自我怀疑,请停下来。问问自己内心的那个小孩:他(她)到底需要什么。她需要别人夸赞自己"干得不错"吗?他需要握住别人的手吗?他(她)是需要帮助还是得为之前的调皮捣蛋再"面壁"一次?其实,你已经得到了这些问题的答案。尽管那个孩子可能早已被所谓的"成年理智"所掩盖,但用心去找,你依然会记得他(她)就在那里。

如果你需要片刻清醒,直面该死的成人规则,那就只管大声宣布"去他的成年人"——拿冰淇淋当早餐也不错!

不说了,我现在就去拿勺子。

**ICE CREAM
FOR
BREAKFAST**

致谢
Acknowledgements

我要感谢很多人，但首先要谢谢布里奥妮·格列特。她给我的不仅仅是一个灵感，更是足够的信任，让我坚持下去。其次，我要感谢韦罗和丽兹。他们那些振奋人心的推文鼓励我写完初稿，而埃拉的留言则帮助我走出写作瓶颈。丽兹，要不是你一开始就对我如此信任，霍德出版社根本就不会注意到我。谢谢你，亲爱的。从第一本书《成为》（Becoming）开始，我的"成为"之旅还在继续。

当我成为世界上那个最伤心的女孩，弗恩，是你不顾我的反对来到家里，静静地坐着，揉着我的脚。人与人之间的触摸是如此关键，完全胜过了词不达意的语言，也是我接收到最伟大的爱的信号。如果我当初没有从崩溃边缘爬回来，卡莉你是那个知道该如何拯救我的人。你爱我，你懂得如何爱我。对你，一句谢谢远远不够。

梅根·吉尔布赖德，对于我的写作，你不知道的，你问；你不确定的，你却给了我空间。几乎每个早上和每个晚上，你都和我一起校对。认识你是我的幸运。

梅格·菲，你永远都会冷静自若地给予我安慰，是我回家路上的一站驻留。

感谢所有推特粉丝热情的留言。他们分享了自己如何放松、放慢人生，以及应对烦躁的方法，其中不少被我偷去作为本书探讨人性的最佳案例。Ins 上的朋友们说过："劳拉！你应该把保姆冒险经历写入你的下一本书！"原来，在我下笔之前，你们早就知道了。

感谢我的医生，他非常重视我的心理健康。感谢阿尔伯思心理治疗协会迅速而专业地为我挑选心理治疗师。

老爸老妈，当然还有杰克，谢谢你们的爱。